続・対話の場をデザインする

安全な社会をつくるために必要なこと

八木絵香

大阪大学出版会

はじめに

四月二五日九時一八分を、ＪＲ福知山線・同志社前行直通電車の中で迎えるようになって、九年がすぎた。

その日は、ＪＲ伊丹駅から快速電車に乗る。その少し前からホームに立ち、行き交う人の様子を眺めていると、階段を下りてきて電車に駆け込む人、階段の途中で諦めて歩みを緩める人、そんな人たちの姿を見ることができる。ギリギリのタイミングで駆け込もうとして、ドアの前で締め出される人もいる。ホームでしばらく待ち、到着した電車にそのまま吸い込まれるように乗車する人もいる。ある電車に乗る／乗らないという行為は、これを選択したという意識すら持つこともない、あたりまえの「日常」の中にある。

一四年前の四月二五日も、このような風景だったのだろうと思いながら、事故発生時刻に現場横を通過する電車に乗る。

電車は、ギリギリのスピードまで徐行しつつ、長い警笛を鳴らしながら、事故発生時刻にマンション横を通過する。最徐行で事故現場を通り過ぎる電車がカーブに差しかかると、車体がゆっくりと傾く。

乗車位置によっては、つり革を強く掴まなければ、ふらついてしまいそうになる時もある。

一両目の車両からは、駐車場ピット付近に立ち黙祷する人の姿が見える。マンション北西の柱に身体をよせて、通り過ぎる電車に背中を向ける人もいる。電車から目をそむけながら抱き合う人、電車をじっと見つめる人、たくさんの人がそれぞれの仕方で、現場を通り過ぎる電車を見送る。

一方で事故現場の周りには高所作業車が立ち並び、そこには望遠レンズを構えたカメラマンの姿がある。報道のヘリコプターが上空を旋回する。そして一両目の車内では、カメラのシャッター音が鳴り続ける。

電車が尼崎駅に着くとホームは乗客であふれ、今日が四月二五日であるということを意識せずにいれば、そこにはまた日常の風景がある。しかし改札から一歩足を踏み出せば、追悼慰霊式への案内を手に持つ、ＪＲ西日本社員の姿が目に入る。尼崎駅と会場の間はバスによる送迎が行われており、駅ロータリーのあちらこちらで、喪服姿のＪＲ西日本社員が案内を続けている。そして送迎バスからは、次々と喪服姿の参列者が降りてくる。


筆者がそのような形で、四月二五日を自分にとって「刻む日」として過ごすようになったきっかけは、本書で紹介する「ＪＲ福知山線事故・負傷者と家族等の会（空色の会）」の人々に出会い、そしてその活動を通じて、さまざまな事故の「被害者とよばれるようになった人々」と、共にする時間が生まれたことによる。ここで「被害者」ではなく、被害者とよばれるようになった人々という歯切れの悪い言葉で、彼ら彼女らのことを語ることが、筆者が本書の中で伝えたかったことの一つではないかと思う。

被害者になるということは、当たり前のことながら自ら望んだことではない。事故や災害は、ある日突然、身に降りかかってくる災難である。それまで当たり前だと思っていた、当たり前とすら意識していなかった「日常」が、前触れもなく破壊される。そしてある日突然、被害者と呼ばれるようになる。

本書の中でも詳しく記述するように、被害にあった人たちのすべてが二四時間を被害者として過ごしているわけではない。そこには、事故にあわなかった人と一見変わりはない、ごくふつうの穏やかな日常がある。一方でそれは、事故の被害がないということではない。心身の痛みや不自由さ、加害企業への怒り、失ってしまったものへの後悔、そうした事故の記憶はいつも日常生活と隣り合わせで、ふとした瞬間にそれが「被害者」の言葉として語られ、クローズアップされる。そしてそのような形で世の中に伝わる被害者像と、被害者とよばれるようになった人々の日常のあいだには、隔たりがうまれる。

前者は、事故にあってしまった人々を特別な人たちとして描き出す。そして被害者とよばれるようになった人たちと、被害にあわなかった人たちのあいだに線を引く。しかし、事故にあう／あわないという意味でも、事故にあった人とあわなかった人の日常が一見すると変わりがないという意味でも、そこに大きな違いはない。そして、いつか自分自身や家族が事故や災害に巻き込まれるかもしれないという意味で、私たち一人一人は潜在的な「被害者」でもあるのだ。

「被害者」という強い言葉で、彼ら彼女らのことを語りにくい理由は、もう一つある。

ＪＲ福知山線の事故により、亡くなった方々、遺族、負傷者、負傷者の家族、マンション住民、近隣住民、沿線住民、救助にあたった近隣事業所の社員、そのほかにもさまざまな人が、それぞれの「被害」を抱えた。しかし、その被害のあり様が被害者という強い主語で語られ、世の中に伝わっていく時、そこで示される被害は限定的、もしくは象徴的なものになりがちである。本書で述べるような語られにくい負傷者やその家族が抱える痛みや不安は、多くの人に届く言葉にはなりにくい。

では負傷者という形で主語を限定すれば、伝わる言葉になるかというと、またそうでもない。空色の会の活動を通じて、負傷者やその家族がつどい、語り、そして状況を共有すればするほど浮き彫りとなったことは、負傷者やその家族であってもその被害は「同じようにみえて、全く異なる」ということだった。負傷者という言葉で一括りにできる苦しみや悲しみ、痛みは一つもない。どのような心身の傷を受けたかもさることながら、事故後の日々を誰とどのように過ごしてきたのか、その中で何を経験してきたのか、必要な支えを得ることができたのか、そして想いを安心して打ち明けることができる場があったのかによっても、負傷者やその家族が抱える被害は異なる。

一方で、負傷者やその家族だからこそ共通する強い想いがあることも、また事実である。そしてそれは、被害の違いを超えて、また遭遇した事故の種類を超えて、共通する。その共通する被害者の想いとは、もう二度と同じような事故や災害を起こして欲しくない、もう二度と自分たちと同じような想いをする人は出さないでほしいという、社会の安全を希求する想いである。

第一章では、空色の会の活動内容と、そこにつどう人々について紹介する。特に、負傷者がどのように事故にあい、その家族が負傷者の無事を知るまでの時間をどのように過ごしたのか。そのことが、空色の会の活動にどのような影響を与えたのかについて記述する。

第二章では、負傷者やその家族の「被害」、特に大きな声で語られることが少ない「生き続けているからこその痛みや不安」について記述する。その上で、負傷者やその家族がつどい、語る場があったことが、負傷者やその家族の心身の回復や、社会の安全を守るための活動に、どのようにつながったのかについて考察を加える。

第三章では、事故原因を究明し再発防止策を考えるプロセスに、被害者が関与することの意味について検討する。その上で特に、事故の検証に携わる専門家と「二・五人称の視点をもつ」被害者が対話し、協働することの可能性について考察を加える。

さらに第四章では、福知山線事故現場の整備プロセス（マンションの保存をめぐる議論）について概観する。その上で加害企業の社員が、負傷者やその家族と対話し、そこから安全に向けた思想や具体の方法論を見出していくことの可能性について記述する。

第一章から第四章では、いくつかの異なるタイプの被害者が登場し、またそれぞれに異なる位置づけの対話が持つ意味について論じている。その上で、第五章では、事故をめぐるさまざまな対話にかかわってきた筆者が、そこで何を考え、そして自らの思考や行動をどのように位置づけてきたのかについて、より直接的に記述する。

本書ではこれらの記述を通じて、事故をめぐる被害の諸相、事故原因の究明や事故の再発防止についての被害者の思考、そしてそれらが言葉として紡ぎ出される対話の場について、丁寧に記録として残すことを試みる。加えて専門家や加害企業の側にある人々が、それらの被害者の言葉をどのように受け止め、安全に向けた取り組みに向き合っていくようになったのかについても記述する。

それにより、事故や災害をめぐって立場が異なる人々同士の対話という観点から、安全な社会をつくるための方法論と可能性について論じることが、本書の目的である。

目　次

第一章　JR福知山線事故 ── 負傷者とその家族

1　JR福知山線事故と空色の会

空色の会「JR福知山線事故・負傷者と家族等の会」とは何か

二〇〇五年四月二五日に兵庫県尼崎市で発生したJR西日本福知山線脱線事故（注1）（以下、「福知山線事故」）は、七両編成の車両のうち五両が脱線、先頭の二両は線路脇のマンションに激突し大破、死者一〇七名（注2）、負傷者五六二名という大惨事であった。

筆者が近年、その活動メンバーの一人としても参加する「空色の会――JR福知山線事故・負傷者と家族等の会――（以下、「空色の会」）」は、福知山線事故の被害者の中でも特に、「負傷者」の視点から、福知山線事故の負傷者やその家族のネットワークを構築すると同時に、被害者支援方策に関する提案を精力的に発信する当事者団体のひとつである。

現在も続くその活動は①定例会（注3）、②メモリアルウオーク、③空色の栞の配布、④国土交通省公共交通事故被害者支援室との意見交換会、必要に応じた勉強会・施設見学会の実施（注4）や、情報発信等である。

定例会

定例会の大きな特徴は、報道各社に開催概要を連絡し、公開で実施している点にある。現在は、非公開設定の回もあるが、発足から二〇一六年五月までは、特別の理由がない限り、会合の全てを報道関係者に公開していた。公開の場合の定例会では、部屋の前方にメンバーが集うテーブルを円形に近い形で設置し、後方に記者席が配置されている。

定例会に参加し始めた当初、さほど広くない部屋にずらりと記者が座り、定例会で話される内容をパソコンにメモ書きしている風景に、筆者自身もある種の緊張と驚きを覚えた。定例会に参加するメンバーの中にも、『まさかそういう記者も入っての話し合いであるというのはまったく予想もつかなくて、いったいここは何なんだと（中略）ガッと引いてしまって』と語る人がいるように、最近では、日常の風景となりつつある記者陪席での定例会というスタイルには、戸惑いを感じた人も少なくないようである。

このようなスタイルが定着した背景には、空色の会の成り立ちの経緯と、そこにいたるまでのメディア関係者とのつながり方の特殊性があるが、それについてはもう少し先で述べることにする。いずれにしても、記者が陪席しての定例会というスタイル、この一見すると奇異に見える方法は、今ではむしろ普通のこととしてメンバーには受け入れられている（注5）。

定例会での話し合いのテーマは主に、主催イベントの準備とふりかえりおよび、お互いの近況や抱える問題の共有と、解決すべき課題についての議論の三つに整理することができる。

主催イベントは、後述する「メモリアルウオーク」の実施と「空色の栞の作成・配布」である。この二つのイベントはどちらも毎年四月に実施されるため、例年年明けから四月までは、それらの準備についての打ち合わせに主な時間を費やしている。三月の会合では、栞を作成しながら（穴の空いた栞の台紙に、紐を通す作業）の話し合いが定番となっており、これが各種報道で記事化されることもまた、近年の恒例行事となっている（写真4・5）。

終了後の五月の定例会では、それらのイベントをふりかえり、次年度に向けた改善策などを話し合うことに、時間が当てられる。

また、メンバーが議題を持ち寄る形で、お互いの近況や抱える課題も共有される。JR西日本とのやりとりの中で感じた疑問や対応方法についての話題、時には「示談」に関係するデリケートな内容が議題としてあがることもある。また自らのことばかりでなく、会合に足を運ぶほどの回復が望めない、または生活の余裕がない負傷者の気持ちを代弁する形で、負傷者の困りごとや近況が共有されることもある。

このように定例会は、参加しているメンバーに関連するものばかりではなく、さまざまな困難を抱える負傷者の現状を可視化するものとして機能してもいる。このような定例化のあり方は、記事化までは至らないケースが多いものの、陪席する記者に、折に触れて負傷者の近況や抱える悩みが共有されるという意味もある。

またこれらの課題の共有は、タイミングによっては、JR西日本主催の説明会や、国土交通省公共交通事故被害者支援室との懇談の場（注6）での空色の会メンバーの発言へと繋がっており、定例会での悩みの共有があることで、そこから派生的に負傷者の声を外部に発信することへとつながっている。

メモリアルウオークという取り組み

年間を通じての大きな行事の一つが、四月の週末に行われるメモリアルウオークである。メモリアルウオークは、地下鉄サリン事件の被害者の支援を行っているＮＰＯ法人の活動に着想を得て、空色の会でも取り入れ、そして定例化してきた行事である（図1・写真1）。

地下鉄サリン事件発生から一〇年を迎える前日の二〇〇五年三月一九日、ＮＰＯ法人リカバリーサポートセンターの主催により、サリン事件で被害が発生した各駅を、その被害者が献花をしながらめぐる試みが行われた。その目的は追悼（献花）であると同時に、事件以来、地下鉄の駅に降りていけない、地下鉄に乗ることができないという恐怖を抱える人々が、現場に足を運ぶというリハビリを兼ねての試みであったという。

地下鉄に乗ることができない被害者のために、地下鉄路線の上の道路を歩き献花するという試みは、ＪＲ車両に乗れない、また電車に乗れないという状況にあった福知山線事故の負傷者が抱える課題とも重なり、同様の取り組みの開催へとつながったのだ。

空色の会でのメモリアルウオークは、事故から五年目を迎える二〇一〇年四月から始まった。リカバ

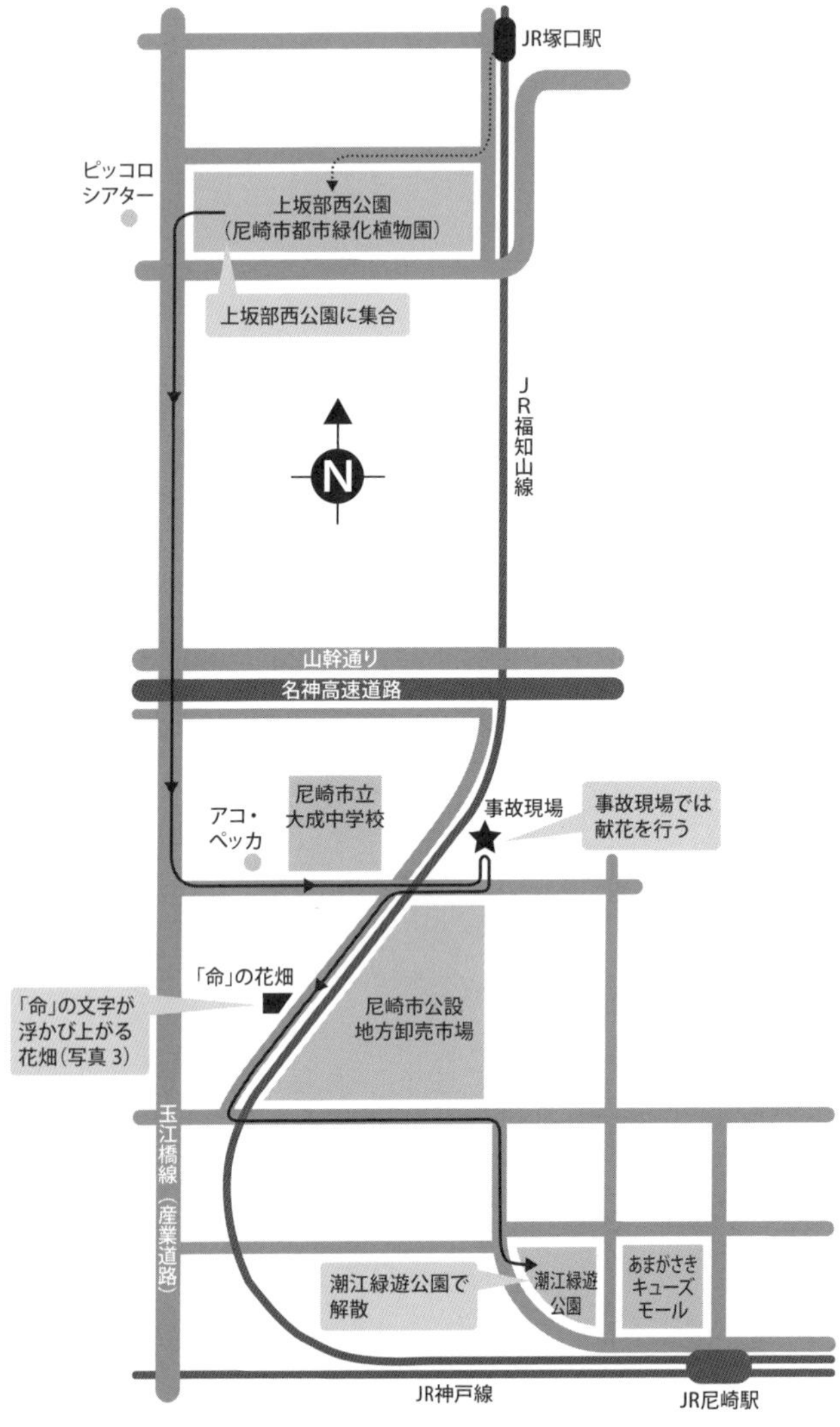

図1　メモリアルウオークのルート図（提供　坂井信行氏）

リーサポートセンターという雛形はあったものの、最初の年は手探り状態で始まったメモリアルウオーク。当初は、ルートを決めること一つをとっても（全てのルートにおいて線路沿いを歩くことは困難であり、また道路交通量の多いエリアのため、ルート選定は容易ではなかった）、下見を繰り返すなど、準備に大変な労力を必要とした。一〇年目を迎えようとする現在では、それらの準備・運営の一つ一つが洗練され、またメンバーそれぞれの得意な分野に合わせて役割が分担されるようになってきている。

写真１：事故から10年目のメモリアルウオーク
（提供　朝日新聞社）

　日付を決め、ポスターを作り、告知をし、参加者の事前受付を行い、警察の道路許可申請を取り、献花のために事故現場に立ち入るための調整をＪＲ西日本と行い、献花用の花を準備するという事前準備。

　当日は、受付を行い、取材お断りを希望する人にはバッチを配り（メモリアルウオークには参加したいが、取材を受けたくない、カメラに映りたくない人には、事前に「取材お断り」のバッジが手渡され、その旨報道各社にも周知がなされるほか、取材に関しての配慮事項の説明もなされる）、参加者全員で準備体操をし、列の先頭・中程・後方にはのぼりをもったスタッフが付き添い道案内をする。そして事故現場では、一般の参加者へ事故当時の状況を説明し、脱線痕（注7）の残っている箇所を見つつ、空色の会のメンバー自らが、更に説明を加える。

基本のコースは、JR塚口駅付近からJR尼崎駅までの一区間約二キロ。事故現場での献花の時間を含めて、約一時間半かけてこのコースをゆっくりと歩く。メモリアルウオークの通り道には、地元農家の松本三千男さんが、二〇〇九年から犠牲者の追悼のためにダイコンの花などで「命」の文字を畑いっぱいに描く命の花畑がある（写真2・3）。

写真2：命の花畑の前で休憩するメモリアルウオークの参加者たち
（提供　朝日新聞社）

写真3：命の花畑
（筆者撮影）

松本さんとそのご家族は毎年、事前に畑にメモリアルウオーク関連のポスターを掲示し、当日には、花畑の前で冷えたコーヒーやジュースを参加者に振る舞ってくれている。事故現場で献花をし、命の花畑を眺めながら、ひと休憩。そしてそのまま尼崎駅近くの広場まで歩き、解散というのが基本のコースである。

メモリアルウオークの展開

近年はそこに新しい試みも加わった。一つは、川西市の市民グループ「フレンズかわにし実行委員会」によるメモリアルラン。このメモリアルランはもともと、メモリアルウオークとは別のイベントとして企画されていたが、二〇一五年よりメモリアルウオークと同じ日に実施されるようになった。阪急川西能勢口駅付近から出発し、猪名川河川敷などを経由して、メモリアルウオークのスタート地点である上坂部西公園まで走った後さらに、メモリアルウオークのコースを並走する形である。

また、メモリアルウオークの終盤では、解散場所の潮江緑遊公園（ＪＲ尼崎駅前）において、空色の会のメンバーが選んだ歌を、メンバーの一人のウクレレの伴奏に合わせて合唱したりもしていた。二〇一七年からはさらにメンバーが増え、音楽活動をする負傷者の一人が、学生時代からの吹奏楽グループの友人と共に楽器をもって駆けつけ、伴奏や演奏をするという新しい活動に展開しつつある。

メモリアルウオークは、もともとはリカバリーサポートセンターの活動に刺激を受け、事故へ理解の裾野を広げ、慰霊や鎮魂の気持ちを具体的な形に残すことを願ってはじまった試みだった。そこから月日を重ねるにつれ、主体的に企画にかかわる支援者や負傷者が増え、四月に定期的に開催される行事として定着した。このことから、毎年多くの報道関係者がこのイベントの様子を取材するようになっていった。

空色の栞作成と配布

年間を通じてのもう一つの大きな行事が、空色の栞の作成と配布である。

空色の栞の原型は、事故から一年目の四月二五日に向けて、負傷者たちが中心となって作成し、喪章がわりに配られた空色のリボン付きのカードである。そのカードは約二万枚が用意され、沿線の駅で配布されたという。

空色の会の発足の後は、「栞」という形に改め、沿線の駅や書店での配布を行っている。栞にはもともと道しるべという意味があり、旅人が目的地に到着して、目的を果たし無事に帰ってこれるような願いが込められていることも、その由来の一つであるという。

二〇一一年作成の第三回目の栞からは、その原画を負傷者の一人が担当するようになった。原画の作者は、絵を描くことがとても好きで大学で日本画を専攻していたにもかかわらず、事故後に「人物」を描けない状況が続いていたそうである。この栞の作成が定着してきた頃（事故から四年目）に、空色の会のメンバーの一人が彼女に作画を依頼し、それ以来、原画の作成を担当するようになった。

毎年の栞づくりは、その原画が届くことから始まる。そして、それを空色の会のメンバーの一人がデザインし、栞の型紙が完成する。表にはイラストが、裏には次のようなメッセージが寄せられている。

写真４：空色の栞を作成する空色の会のメンバーたち
（提供　朝日新聞社）

写真５：毎年４月25日に尼崎駅にて「空色の栞」を配布
（提供　朝日新聞社）

あの日の朝、いつもの日常の中で
多くの人が列車に乗っていました。
それぞれに目的を持って。
そして一変した日常……。
空は真っ青に澄み渡っていました。
その空色の栞（しおり）に
私たちの願いを託しました。
あの日を決して繰り返すことなく
心安らかに暮らせる社会を育んでいきたい。

（二〇一八年作成の空色の栞より）

毎年三月と四月の定例会では、話し合いをしつつ、栞の完成のための作業が行われるのが恒例である。年間で作成する枚数は、四〇〇〇枚から八〇〇〇枚。沿線の書店のレジ横におくことをお願いしたり、また遺族や他の事故・災害の被害者の方々の求めに応じて、まとまった枚数を送付するなどして、改めて事故の風化防止と再発防止について想いをはせる機会を作っている。

また四月二五日に行われる追悼慰霊式の後には、ＪＲ尼崎駅前で道ゆく人々に栞を手渡しする。当日配布される栞の枚数は約一〇〇〇枚。通常の駅でのビラ配りと同様に、こちらを見ないふりして通り過ぎる人、手渡そうとするとさっと方向転換する人、渡そうとした栞を邪険に手で振り払う人もいる。一方で、『毎年楽しみにしているんですよ、ありがとう』という言葉と一緒に受け取ってくださる方もいれば、『先ほどいただいたのだけど、素敵だからもう何枚かいただけますか』と声をかけてくださる方、『実は自分の友人もあの日あの電車に乗っていて……』と声をくださる方もいる。

空色の会のメンバーの一人が、『この栞づくりだけはやめたくないから、会に残っている』と語るように、栞をつくり、それをまさに今からＪＲに乗ろうとする人、または今ＪＲの車両を降りてきたばかりの人に配るという行為は、もう二度とあのような事故を起こしてほしくないという願いを具体的な行為に落とし込んだ、空色の会の活動の原点の一つである。

「負傷者」とその家族等の会であるということ

空色の会の特徴は、何よりも「負傷者」とその家族等の会であるということである。

本書の中でも言及するように、国内で発生した大事故・事件の「遺族」の会は、多数とは呼べるほどではないものの存在し、またその存在は社会の中で認知されている。しかし、負傷者の会として成立し、また他の関連団体とのネットワークを築きながら活動を継続している当事者団体は、筆者の知る限り存在しない。

とはいえ活動している団体が少なく、社会的に認知されていないからといって、負傷者が抱える課題が存在しない、もしくは少ないわけではない。事故から時間が経てば癒える心身の痛みももちろんある一方で、時間の経過は関係ない、むしろ時間の経過があったからこそ顕在化する心身の痛みも存在する。しかし長らくその声は、可視化されることはなかった。

福知山線事故から一〇年以上遡る一九九一年に、関西で発生した信楽高原鐵道事故(注8)。後述するように、この事故の遺族や支援者が中心となり設立した鉄道安全推進会議（TASK）が、長らく鉄道安全に関するさまざまな取り組みを牽引してきた。筆者は、信楽高原鐵道事故遺族会の代表を務め、またTASKの代表を九年間務めた故・吉崎俊三さんに、事故当時「負傷者」の観点からの取り組みをしようとした動きはあったのかを伺ったことがある。

吉崎さん自身、妻を亡くした遺族であると同時に、娘二人が被害にあった負傷者の父でもあった。大けがを負った一人の娘については、事故直後だけでなく、何らかの後遺症的なものがでるのではないかという心配をしたという。その意味で、吉崎さんは空色の会のメンバー、特に負傷者の家族と同じような問題意識を持っていたといえよう。

その吉崎さんは負傷者の活動について、「信楽の遺族も、負傷者の活動もやってほしいと思っていた。負傷者の方の動きがなかったわけではない。けれど、負傷者を引っ張る中心人物がいなかったこと、そして遺族に対する遠慮や引け目のようなものがあったことから、負傷者の立ち場から何かの発信をするような動きにはつながらなかった。」という主旨のことを語られていた。同じような心情は、福知山線事故の負傷者や、空色の会メンバーの中からも語られる。それは遺族を前にすると、自らが困っていることや自らが辛いと感じることを言葉にし、さらに社会に向けて発信することへの躊躇や戸惑いが大きいということであろう。

空色の会の実質的な立ち上げにかかわったＥさんは、先の吉崎さんの言葉を借りれば、「負傷者を引っ張る中心人物」ということになるだろう。そのＥさんは、負傷者への支援や、負傷者の抱える課題を世の中に訴えることの必要性を主張しつつも、いつもためらいがちに遺族への想いを口にする。Ｅさんは、他の事故の遺族や、また専門職にある臨床心理士から、『負傷者も、その家族も被害者なのだから、遠慮せずに語ってよいと思うよ』と背中を押されたことで、事故から五年が過ぎる頃になってやっと、自らも被害者だと考えてもいいのかもしれないと思えるようになったと口にする。しかしそんなＥさんでも、折に触れて、思い出したように『やはり、ご遺族の前では言えない』という言葉を繰り返す。

その意味で、負傷者が社会に向けて発信することのハードルは高い。その発信の機能を長い時間をかけてつくりあげてきた負傷者とその家族のネットワークであることに、空色の会の大きな意味があるのだろう。

2　空色の会と筆者の出会い

出会ったきっかけ

筆者の専門の一つはヒューマンファクター研究と呼ばれる分野である。ヒューマンファクター研究の中でも特に、鉄道、航空、原子力技術などの高度化された巨大技術システムを対象に、人はなぜエラーするのかについて心理学的アプローチで分析し、その対策を立案するというのが基本的な研究内容である。

個人のヒューマンエラーを対象とした研究からスタートし、チーム・組織のヒューマンファクターの課題、つまりコミュニケーションのあり方や、組織風土のあり方などを研究の対象としてきた。この一五年あまりは、社会の中に埋め込まれた技術システムを、企業組織だけで管理するのではなく、社会としてどのように管理すべきなのか、一般市民も含めた形でさまざまな技術の安全（やリスク）についての公共的議論を行う「場づくり」に強い関心を抱くようになり、専門の幅を科学技術社会論や科学技術コミュニケーションの分野に広げてきた。

そのような背景知識をもつ筆者の福知山線事故への関心は、もともとは「ヒューマンファクターの観点から見た時に、どこに原因があったのか。どのような方法により再発防止は可能か」ということであった。筆者の勤務する大学から、事故現場までは車で約三〇分。少し足を延ばせばたどり着くにもかかわらず、空色の会との出会いがあるまで、自らがその場に赴くことはなかった。

そんな筆者と空色の会との出会いは、まったくの偶然であった。たまたま参加した研究会で（しかもその研究会のテーマは地球温暖化という、事故とは全く関係がないものであった）、空色の会の中心メンバーの一人であるEさんと出会ったのである。研究会の最後の方で自己紹介で空色の会の活動についてふれたEさんと名刺交換をする際、『実は私の恩師（注9）が福知山線事故の調査にもかかわっていて……』と口にした時にも、その後自分が、この会の一員として活動するようになるとは想像すらしていなかった。

筆者の立ち位置

その当時から現在に至るまで筆者自身は、他の専門家メンバー（弁護士や臨床心理士）のように、直接的な被害者支援ということについて、強い関心やスキルがあるわけではない。

むしろ、加害者と被害者のどちらにも寄りすぎない形で、そのあいだにたち、双方の関心や利害をつなぐためにはどうすればよいのか。また、事故に対して関心があまりない「直接的な」当事者ではない人々と、どのように事故の記憶を共有していくか。その具体的方法を模索し、行動に移していくのが、筆者の専門分野でもあり、また具体的に提供できるスキルをもつ分野でもあった。その意味で、筆者自身のかかわり方は一貫して、事故にかかわるさまざまなステークホルダーによる対話の場の形成という、メタ的視点における支援であると認識している。そのため、『もしかすると皆さんのお役には立てないかもしれないのですが、いいのですか…。』ということを幾度となくEさんに伝えたように記憶している。

しかし、筆者のそのスタンスこそが、むしろEさんが求めていたものであったようだ。筆者がEさんと出会ったのは、事故から四年が過ぎ、事故の風化が問題視され始めていた二〇〇九年末のことである。また航空・鉄道事故調査委員会の委員による情報漏洩問題を契機に、福知山線事故に限らず、被害者支援のための社会制度の必要性を訴える流れが生まれつつあった。それらの背景からEさんは、現状において具体の方法論が見えている直接的な被害者支援ではなく、多様な立場の人々がつながるための「支援」を求めていたようである。

それでも筆者は、自分が皆さんの役に立てることがあるのだろうか、という不安をぬぐい去ることはできなかった。その不安を抱えながら、Eさんにお願いして事故現場に献花に伺った。直接会って、またメールでのやりとりを繰り返して、お互いが考えていることを共有した。そのような形で、Eさんと筆者の交流が少しずつ始まった。その後、空色の会の例会に足を運んだり、沿線で配布する栞の作成作業をお手伝いしたり、福知山線沿線を歩くメモリアルウオークのお手伝いをしたりという形で、少しずつ、筆者自身も空色の会のメンバーになっていったように感じている。

3　ある日突然「被害者」とよばれるようになるということ

第一章および第二章では、空色の会で活動する五人の方にご登場いただく(注10)。あの日。それぞれの方が、どのように事故のことを知ったのか、そしてその事故が我が身に関係する事故として、それぞれの方の目前に立ち上がってきたのか。ある日突然、「被害者」と呼ばれるようになった人々の語りから、振り返ってみたい。

あの日のこと……Aさんの場合

Aさんは、空色の会で会計を担当されている。負傷者やその家族による自主的な場として運営されている空色の会は、当然のことながらその財政的基盤があるわけではない。時には、財団の活動助成(注11)を申請したり、空色の会やその支援者の方々で作成した文集を配布して寄付を募ったり、恒例行事であるメモリアルウオークで募金箱を設置したり、メンバーそれぞれが会費を納めたりという形で資金を獲得し、運営している。その会計にかかわる細々とした業務を、淡々と一手に引き受けていらっしゃるのがAさんである。淡々とした中にも細やかな気遣いがうかがわれる仕事ぶりからは、一家をしっかりと支え、そして子どもたちを温かく見守る家庭での姿を思い浮かべることができる。

そのAさんは事故の当日、朝からいつも通り仕事をしていて、ニュースを見たりできるような状況にはなかった。そのため、そもそも事故の発生すら認識していなかったそうである。そのような状況で、救助にあたっていた方から直接職場に電話があり、事故の発生と娘さんが事故車両に乗り合わせたこと知ったという。

本人が母親の連絡先を自ら告げることができたという事実から、最悪の事態を免れた安堵感はあったものの、実際に娘さんに会うことができるまでには、多くの時間を要したという。

大学の通学に使っていた東西線は、ちょうど伊丹駅の階段を下りると三両目が女性専用車両なので、そこに乗っていくんですね。その当日も三両目に乗っていて、その電車に乗り合わせてしまったと思うんです。

（中略）

事故の連絡を受けたのが、お昼前だったと思うんです。仕事をしていますから、全然知らなくて。ニュースとか見ているわけじゃないので。たぶん（事故現場の近くの）市場の方だと思うんですが、個人の方の携帯から、私の病院に連絡が入りまして。（本人の）意識はあったので、お母さんに連絡をしてほしいということで（中略）それでもう、仕事の途中だったのですけど、駆けつけて、病院に運びますということだったので、取りあえず近辺の病院をタクシーで回ったんです。でも、どこの病院か分からなかったんですよ。（中略）どこもパニックだったので。わからなくて……。探しても探してもわからなくて……。で、一六時過ぎかな、やっと尼崎中央（病院）ってわかって。結局、一番近いところだったんですね。そこに張り紙をしてあったんです。それで分かって、やっと……会えたという状況だったんですね。

あの日のこと……Bさんの場合

Bさんは、大学生だった息子さんが、事故車両に乗り合わせて負傷した。

Bさんは、筆者との会話の中でも、また日々の空色の会の活動の中でも、雄弁に意見を述べたり、強い主張を行うことはほとんどない。しかし、ポツリポツリと語る口調はいつも丁寧で、また相手に対する配慮が行き届いている。それが故に、時には意見が食い違い、議論が白熱することもある中で、空色の会のメンバーは、Bさんの発言には注意深く耳を傾けているように筆者には感じられる。ある意味、空色の会の「要石」のような存在である。

そのBさんは、当時の新聞記事やご本人の手持ちの資料をたくさん抱えて、筆者の問いかけに応じてくれた。事故の発生のことは朝のタイミングで知っていたものの、息子さんがその車両に乗っていたとは思いもよらなかったという。そして、何度も何度も、『動揺してしまって……』という言葉を使いながら、また時折涙ぐみながら、あの日のことを次のように語ってくれた。

事故の日に兵庫医大から突然電話が、携帯が鳴りまして。息子さんが事故にあわれましたから兵庫医大に来てくださいと。お昼回ってずいぶんたっていて。朝に、会社のテレビで何かを見て、電車の大きな事故があったみたいだねという（認識）はあったんで、ああ、そうなんやというような感覚で。まさか、自分の家族がその中にいるとかいうのは思わなかったです。もう、動揺してしまって……。

（中略）

兵庫医大に行って、まあ、ぱっと息子の姿を見たときに、どういうんですかね、人間がここまで、こんな姿になるのか！　というような、真っ赤っかなだるまさん状態で……。これはちょっと異常なことが起きていると……。（息子の姿を）見た瞬間から動揺してしまって。

あの日のこと……CさんDさんご夫妻の場合

Cさんは、負傷者であるDさんの夫であり、空色の会の代表的な役割を担っている。多くの場合、会合には夫婦二人で参加されている。Cさんは夫として、個人の心情を語る時の優しい雰囲気と、会のまとめ役として、時には妻の意見を制止したりしながら、その場を仕切る先生らしい雰囲気（Cさんは公立中学校の先生でもある）とを持ち合わせているように、筆者には感じられる。

Cさんにも他の皆さんと同様に、あの日どのように事故を知ったのかという問いかけをしたものの、その場では明確な答えは返ってこなかった（注12）。夫妻には双子の息子さんと娘さんがおり、事故の当時、ちょうど中学校一年生になったばかりであったという。Cさんの語り、また空色の会の活動を通じて筆者が見聞きしたエピソードからは、中学校に入ったばかりという情緒的にも不安定な時期に、母親が生死の境目をさまようような状況に遭い、さらに不安定度合いが増してしまった子どもたちのことを気遣いながらCさんが、事故直後の日々を無我夢中で過ごしていたことが伺える。

妻が、三両目に乗っていて。で、あの事故に遭って、重傷を負ったと。それがこの事故とのつながりの接点というか、きっかけになったんですけど……。事故当時は、やっぱり……妻のことで、家族のことで精いっぱいと。（中略）入院、一カ月ちょっとですね、（一カ月）半ぐらい。子どもも中学生で、やっぱり一番、子どもへの影響というのがやっぱりあって。（妻が）入院していましたので、娘なんかは……。（中略）かなり初めはショックを受けていたみたいで。で、まあ三人の生活をしていたんですけど、まあ何やかんや大変で……。

むしろ、負傷者本人であるDさんの語りからの方が、事故当時のCさんの様子は推測しやすい。『言わんかったらええのにねえ、言っちゃうんよ』とDさんが自らを称するように、時には紋切口調に思えるようなはっきりとした言葉で、意見を述べ、からからと笑う姿が印象的である。

Dさんは、三両目に乗っていて事故にあった。事故にあった瞬間のことを、急ブレーキがかかったところまでしか覚えてないと言う。次に目が覚めた時には真っ暗闇だったことから、瞬間的に阪神・淡路大震災のような地震に遭遇し、自らも下敷きになってしまっていると勘違いしたそうである。そのため、とにかく『どこかに埋もれてしまっている自分の体を出さなければ、まずはこの真っ暗なところから出なければ』と強く思ったものの、声を出そうにも声が出ない。かろうじて動く右手でもがいていたところ、その右手を掴んでくれる人がいて、またその瞬間に気を失ってしまったという。

後にDさんは、自らが鉄道事故に巻き込まれたことを知り、車両の中から助け出されたことを知った。その時になって初めて、自らのおかれていた状況を『自分の周りが、自分を押しているものが、人だとは思ってなかった。あとになって、ああっ（そういうことだったのか）』と気づいたとDさんは語っている。

次に目が覚めた時には、マンション脇に寝かされている状況だった。体のいろいろな場所が、パンパンに腫れ、目を開けることもできない状態。そこからトリアージを経て、比較的早い段階で病院へ搬送された。事故後最初に夫と話した時のことを、Dさんは次のように語っている。

事故の時は……。なんか、とにかく痛くて。だんなさんと会って話をしたときに、すごい事故があったんやでって言われて。そうやったんやって、はじめて知ったんです。私は列車事故があったことも知らなくて……。わかんなくて。目も何も開けれてないし、耳しか聞こえてないから、何かそれこそ地震とか、世の中みんなが何か……巻き込まれた、天災みたいな。自分たちだけが……とは思ってなかったんです。

（中略）

それがどれだけすごかったのかも……あんまりね、時間の感覚がないというか。二～三日は集中治療室ってとこにいたから、全然時間の感覚なくって。点滴をずっとしてもらってたら、おなかも全然すかないし、何か。いま何時とかも（感覚がない）。やっと少し普通に話せるようになって、その時に、だんなさんから聞いた気がするっていうか。そのときも聞いて、ああ、そうなんやと思ったかもしれないんだけど……、人は何かあまりにもすごいことがおこると、もうここ（自らの頭を指差して）、情報をこう遮断するというか。

そんなDさんは、事故直後の自らと、そして夫の日常の様子を振り返りつつ、こう語ってくれた。

私はもう自分のことでいっぱいいっぱいで。私には見えてない、知らない、大変だったことがたくさんあるんやろうなと。娘がやっぱり泣いてばっかりでね。で、最終的にもうちょっとリハビリをするって段階になったときに（だんなさんが）、もう本当、何もしなくてもいいから、とにかくちょっと帰ってきて、もう寝たまま、いてくれてるだけでもやっぱり○○（娘さんのお名前）が違うから、帰ってきてって。俺が、全部（家事）するからと言って……。

（中略）

その当時娘は、中一になったばかりで、中間テストとかやったことないし。そういうのも含めて、環境も変わったところだったから。（娘は）学校行かないってなるかなって思っていました。私が帰ってきて、少しおちついて、とりあえずは行ってるんやけど、毎晩泣くとかそんな感じで……。（夫婦）二人の会話が、もう、学校に行かへんのちゃうとか、あ、ちゃんと行ってるわ、とか。そんな感じの会話ばっかりやったなあ。

インタビューの中での、ご夫妻の事故の直後の描写は、中学生になったばかりの二人のお子さんのことにその多くが割かれている。

お二人のお話を聞いていると、負傷者でありリハビリに臨むDさんは、支えられる側であると同時に、お子さんの生活を支える側であったという事実が浮かび上がる。そして夫であるCさんにとっては、Dさんはその心身の回復をケアする対象であると同時に、子どもたちの心身をケアする同志でもあったのであろう。

加えてDさんは後述するように今では、自らの経験した事故を、『ある意味でポジティブ』に捉えるようにできるようになっていると認識している。そのためDさんの語り口、また語られる内容には、強い悲壮感は感じられない。しかしその反面、お子さんのことに話が戻ると、笑い声の中にも少し涙がにじむことがある。中学に入ってすぐの大切な時間に、『母親としてしてあげられたはずのことをしてあげられなかったことかもしれない』と語る口調は、負傷者として支援される側であるにもかかわらず、支援する側の負傷者の家族（親たち）の口調とよく似ている。それは自分のことなら自分で決めたり諦めたりすることができても、子どものことになると諦めきれない、そういう親が持つ心情なのかもしれない。

あの日のこと……Eさんの場合

長らく、地域のさまざまなアクターやリソースをつなぐ中間支援組織（注13）の活動に携わっていたE

さんは、前述のとおり事故直後から、負傷者の母という家族の立場でありつつ、その一方で支援者としての立場にも立っていた。

支援者の立場に立つことになった経緯は、第二章で詳しく述べるが、Eさんが負傷者の家族でありつつも負傷者全体の支援者としての立場を取るようになったきっかけは、事故直後の自らの経験にある。そのため、Eさんの事故直後に関する語りは、他の方々より詳細である。


最初は、事故のことが、我がこととわからない段階があったんですよね。九時一八分に事故が起こって、九時半ぐらいに、友達が電話してきてくれて、最初それは聞いていただけ。途中でいったん電話を切るねと言ってから、だんだん我がことになるまでに結構時間がかかって。

（中略）

携帯も通じないし、メールも電話も返ってこないのが一時間以上続いてから、もしかしたら乗っているのかなと。それで、だんだんだんだん不安になってきて。二階に上がって子どもの部屋の時間割を見たりして。バスに乗って、その後電車に乗ってだから、時刻表を見たりした感じでは、可能性は無くは無いなと。でもまだわからない。もしかしたら前の電車で途中まで行って連絡が取れないんじゃないかとか。あるいは、後の電車で（事故があったことで）、その電車が動かないからどうしたらいいか分からないんじゃないかとか。ありとあらゆることを考えていて。そのふっとした隙間、隙間に真っ暗な思いがよぎるんだけど、それだけは絶対に自分の中に入れないという感じ。

（中略）

洗面所へ行ったりして、子どもの、なんか脱いだ後の洋服を見たりとか、そんなたびにものすごく気持ちが動きだして。しょっちゅう襲ってくる真っ黒な思いを……。一分一分が長いんだよね。どんなにメール打っても、どれだけ留守録を入れても返ってこないときのその不安な気持ち。私がよく比喩で出しているのは、心臓がむき出しで、剣山でがりがりかかれているぐらいの気持ち。

（中略）

（テレビの）画面だけはずっと映していて。子どもがいないかなと必死で見るんだけど、スローモーションにはできないし。これはもう、なんていうかな、生涯忘れない三時間の心の変遷を味わって。（中略）で、一三時すぎぐらいに病院から電話があって、○○さん（娘さんのお名前）は入院されますからねと。「生きているんですか？」「生きておられますよ」「どういう状態ですかっ」て、そのやりとりでやっと……。

（中略）

もうどんなになってても顔が半分なかろうが、腕がなかろうが、足がなかろうが、どんな風になっていて、私のことが分からなくたって、そんなのであってもすべてを受け入れるという気持ちで覚悟して（病室に）入ったのね。そうしたら、顔もあったし手もあったし、足もあった……。でも、今まで見たことないようなもうぼーぜんとした顔、はるかかなたをずーっと見ているような顔。意識はある。でも、どこかこの辺、宙を見ている。泣くでもなく、何か言葉を発するでもなく、ぼーっとして。あの光景は忘れられなくて。

「遺族であったかもしれない」自分

ここにあるEさんの三時間の記憶。これが、自らも負傷者の母であるという過酷な状況の中でEさんが、空色の会の源泉となる「語りあい、分かちあいのつどい（以下、「つどい」）」の活動を立ち上げることができた原点にある。加えて、事故から一〇年以上が過ぎてもなお、その原動力をたやすことなく精力的に活動を続けていることも、この原体験とも無関係ではない。ここにある語り、Eさんが語った三時間という現在進行形の時間の流れの中で、Eさんは「負傷者」の親ではなく、「遺族になるかもしれなかった」人であった。

この「遺族であったかもしれない」自分という感覚は、負傷者の「家族」であるからこその感覚と言い換えることができる。自らの大切な人がいま、ここにいてくれるという安堵感。それと同時に遺族に対して感じる、言葉として表現するのも申し訳ないような罪悪感。その両方の感情が入り乱れる中で、それでも負傷者とその家族の声を社会に向けて発信したいという想いと、遺族を前にしてこんなことを負傷者の側が述べるのは僭越ではないか悩む気持ちに、感情の振り子が揺れ動く。そのような逡巡の中で、空色の会の活動は続いてきている。

同様の印象をDさんは、夫であるCさんを思いやりつつ、次のように語ってくれた。

実際に四月とか近づいてきたりとかしたときの旦那さんの雰囲気とかが、しんどそうというか。泣くところなんてほとんどみたことはないのに。テレビ見て泣いてましたからね、亡くなった方の番組とかみて。その方は……、奥さんが亡くなってしまって、家事とかも全部しないといけないんですよ。（中略）全部、自分で、そうしなあかんっていう……それがもうすごくダブったみたい。

（中略）

自分の家族を探し回っている時の気持ちは、たぶん遺族の方と一緒で、この本当の最後の最後に助かってますって言われる人と、亡くなられたって言われるのと。そのちょっと前までは一緒ですよね。そういう、どきどきする気持ちというか。で、告げられる内容で全然違うんですよね。（中略）何とも言えない、本当に助かったっていうのが分かるまでの数時間っていうのが、すごい重いっていうか。そういう経験を普通はしないですからね。

あの日の描写。それは負傷者であれ、負傷者の家族であれ、ある種の歯切れの悪さを伴う。ある程度時間が経過したのちであってもあの日のことは、語る人それぞれにその衝撃を反芻せざるを得ない、思い出すことにそれなりの覚悟がいる記憶なのであろう。それに加えて、ここでダイレクトに語られるような「もしかしたら…自分の家族が」という、自らが遺族となりえたかもしれないという想像が、否応無しに脳裏によぎるからでもあるからこそ、負傷者の家族は自らを語ることに躊躇するのだろう。

そしてこの語りにくさは、負傷者が抱える課題が見えにくくなる要因であると同時に、空色の会が、遺族のネットワークとは別の「絆」を維持する源泉にもなっているように筆者は感じている。発信したい、自らも被害者だと言いたいという想いと、生き残った自分が、家族が生き残ってくれた自分が、自らも被害者と主張して良いのだろうかという揺れる想い。それを気兼ねすることなく、言いあえる関係性。それこそが、長い時間をかけて少しずつ変化しつつも、空色の会が継続してきている理由のひとつとも言える。

さらにつけ加えるならば、事故当時に負傷者の家族が感じた不安感や恐怖感は、過去のものではなく現在進行形のものでもある。Eさんは『またいつか、あのような思いをすることになるのではないかという強い不安、そして次は、失ってしまうことになったらどうしようという恐怖感も常に併せ持って生きてきたと思います』とも語っている。そして、そのような不安感や恐怖感を持ち続けてきたからこそ、事故から一〇数年が経過した今でも、自分たちのためだけではなく、より広い社会の安全のために『いま出来ることをさせていただきたい』という使命感が継続しているのであろう。

注

注1：本書における事故の概要等および、事故調査に関する記述は、特別の記載がない限り、航空・鉄道事故調査委員会「鉄道事故調査報告書西日本旅客鉄道株式会社 福知山線塚口駅〜尼崎駅間 列車脱線事故（二〇〇七年六月二八日）」および、福知山線列車脱線事故調査報告書にかかわる検証メンバー・チーム「JR西日本福知山線事故調査にかかわる不祥事問題の検証と事故調査システムの改革に関する提言（二〇一一年四月二五日）」を参考としている。

注2：死者数は、乗客一〇六名、運転手一名の計一〇七名である。

注3：定例会は、二〇〇八年の発足当初から二〇一六年までは、毎月第一土曜日に、現在（二〇一九年二月）は、他の活動の状況と合わせて年八回（不定期）の第一土曜日開催となっている。

注4：筆者はJR西日本あんしん社会財団研究助成「事故当事者が『第三者的視点』を獲得するということ――多角的・重層的に、事故の検証や被害者の回復に取り組む――（二〇一〇年度）」「事故当事者が公的事故調査に参加することの意味――事故当事者の語りの分析を通じて――（二〇一一年度）」を受けており、二〇一〇年度および二〇一一年度に実施した勉強会や施設見学会の一部は、この助成経費により行われている。

注5：当然のことながら、すべての話し合いを公開することが難しいこともまた事実である。本書の中では、空色の会のさまざまな活動やそこで交わされた言葉について言及しているが、その活動の存在そのものが非公開となっている場合もある。本書ではそれらの内容については言及していない。

注6：二〇一二年四月に国土交通省に、公共交通事故被害者支援室が設置されて以降、年一度、負傷者の実情を伝えること、現状の被害者支援策等についての課題を共有することを目的とした懇談の場を設けている。空色の会のメンバーが国土交通省に出向いたケースも、川西市で会合を設定したケースもある。

注7：脱線痕が残っている箇所は、事故現場の整備工事とあわせて、丁寧に保管措置が施されている。マンションの衝突箇所や脱線現場付近は施錠で管理されており、メモリアルウオークの際には、現場施設を管理するJR西日本の立会いのもと、一般の方に対しても特別に公開している状況である。

注8：一九九一年五月に滋賀県信楽町（現：甲賀市）で発生した信楽高原鐵道の普通列車と、JR西日本の快速列車が正面衝突した事故である。信楽高原鐵道とJR西日本の乗客要員合わせて四二名が死亡、六一四名が重軽傷を負う大惨事となった。

注9：筆者の学部・大学院修士課程時代の指導教員である故・黒田勲氏（有限会社日本ヒューマンファクター研究所所長（当時））は、鉄道・航空事故調査委員会による意見聴取会（二〇〇七年二月一日）において、委員会の指名により参考人として公述を行っている。

注10：第一章および第二章で引用する発言の多くは、二〇一一年一〇月～二〇一二年三月にかけて実施したインタビュー記録による。またこれらのインタビューは、公益財団法人JR西日本あんしん社会財団研究助成研究「事故当事者が公的事故調査に参加することの意味――事故当事者の語りの分析を通じて――（二〇一一年度）」の助成を受けて実施した。

　本書の執筆にあたっては、インタビュー記録に加えて、空色の会での参与観察記録や、空色の会定例会の発言録なども参考にした。また、二〇一八年八月～一二月にかけて、対面や電話でのインタビューを行っている。これらのインタビューおよび、執筆原稿の確認も踏まえて、当時の発言内容からの心情や考えの変化も含めて本書に記述している。

注11：空色の会では、二〇一〇年度から二〇一四年度までの四年間、JR西日本あんしん社会財団活動助成を申請し、採択されている。現在も続く空色の会の中心的な活動「メモリアルウオークの実施」「空色の栞の作成と配布」はこの活動助成により、資金を確保し、その立ち

上げを行った。現在は、助成金の申請は行わず、自主活動として展開している。

注12：Cさんの当時の行動については、手記（JR福知山線脱線事故・二〇〇五年四月二五日の記憶——あの日を忘れない（神戸新聞総合出版センター））に詳しい。

注13：多元社会における共生と協働という目標に向かって、地域社会とNPOの変化やニーズを把握し、人材、資金、情報などの資源提供者とNPOの仲立ちをしたり、また、広義の意味では各種サービスの需要と供給をコーディネートする組織を中間支援組織という。（内閣府（二〇〇二）中間支援組織の現状と課題に関する調査報告より）
https://www.npo-homepBge.go.jp/toukei/2009izen-chousB/2009izen-sonotB/2001nposhien-report（二〇一九年二月二〇日現在）

第二章　「被害」とは何か、「回復」とは何か

1　被害者の孤立
――そこから始まった自助ネットワークづくり

どうすればよいのか、わからない

負傷者やその家族が『鉄道事故にあうような経験なんて、普通はしない』と口にするように、あの日、全てが手探りの状況で始まった。病院での事故当日の様子を、Bさんは次のように語っている。

Cさんがね、たまたま隣のベッドの付き添いにおられて。いろいろ二人で事故当時……話しましたよ。もう二人で呆然としていて、一日目は口も利かなかったのかな、たぶん。完全看護だったので。泊まりのベッドというのがなくてね。看護婦さんに出してもらったりしてね。

（中略）

なにも分からないですよ。（JR西日本の担当者は）すみません、という挨拶に来られて、何かあったら呼びに来てと言われるんですけど、どこに行ったらいいかもわからない。病院って広いじゃないですか。迷路みたいなんですよね。だからわからない。JRって、いったいどこにおるんですかねえ、というような。そういう話をしてましたよ。

事故当日は、誰がどこに搬送されたのかを確認することすら、困難な状況が続いた。大切な人があの電車に乗っていたのではないかと感じた人たちは、一つ一つ病院を回ったり、電話をかけ続けたり、食い入るようにニュースの画面を見つめたりしながら、その所在を確認したという。

ＪＲ西日本の対応も、十分と言える状況にはなかった。事故直後は関西圏だけでは人手が足りず、福岡から新潟まで全社体制で対応に乗り出したというが、ＪＲ西日本の社員もまた、状況把握するだけで精一杯の状況にあった。そもそも対応にあたったＪＲ西日本の社員の中には、技術職の社員も多く含まれ、仮に情報がある程度行き届いていたとしても、十分な対応ができた可能性はそれほど高くない。事故直後は、被害者は孤立無援で何の支援もないままに、自ら必要な情報を集め、対処をするしかなかったのである。

被害者がつながる原点

一方で、直後からＪＲ西日本の社員が見舞いを持って、頻繁に病室を訪れていたと話す被害者もいる。まだ先が見えない状況で、足繁く通ってくる社員に対して、どのように振る舞ってよいのかわからないという経験を、Ｅさんは次のように語っている。

とにかくこれは大変だと思ったから、その日は次女の病室に泊まったの。（中略）一晩過ごした時に、これはもう個人や家族単位では手に負えないと思った。直感的にそう思った。当日も翌日も、すぐJRの重役や当時の担当者が挨拶に来られたけれど、そんなのだって、どう対応をしていいか分からないじゃないですか。なにかお見舞い金を持って来られたけれど、受け取っていいかもわからないし。食べ物なんかもいっぱい買って来て、お母さんもどうぞとか言って。そういうのも事故直後、受け取りたくないじゃない？

（中略）

次の日に、隣のベッドに運び込まれていた男の子のお母さんが来られて。（中略）私は前の晩、その男の子のこともそっと見ていて、お水がほしいの？　とか、看護師さんを呼んであげようか、とか声をかけたりしていて。そういう話をしたら、お母さんはすごく安心されて。いわゆる負傷者の家族同士の会話がもうそこでできて。それで、お見舞い金どうしましょう？　とかの話もその場でできて。その経験が、私にはものすごく大きかった。こんな話ができた方が絶対いい。同じ立場でしか分からない。それって安心できる。（中略）だから、もうその日の夜か翌日ぐらいには、つながらなくちゃ、やらなきゃと思ってた。

Eさんが、負傷者やその家族がつどう場を立ち上げた原点に、この家族同士の会話の経験と、その時に感じた気持ち、言葉にしようがないほどの安堵感がある。

加害企業から差し出されるお見舞い金。これを受け取って良いのかどうかというデリケートな問題には、対処を躊躇するのが当然であろう。相談するにしても、誰に相談すればよいかわからない。親族や親しい友人に相談しようにも、自分たちの状況をうまく説明できる自信もない。そのような中で、同じ場所にいて、同じような境遇にいて、同じものを見ている人。つい先ほどまでは見ず知らずの人だったけれどもいまは、「同じ船に乗っているかのように思える人」との会話。

そんなことを言ってもよいのかと迷う必要もなく、『どうしました？』『ねえ困りますよね……』『今、そんなこと言われてもね、ねえ……』と、自分の迷いや気持ちをぽつりぽつりと言葉にできる相手の存在が、不安を感じるばかりの病室で、自分でもびっくりするほど安堵を感じられるものであったという原体験。それが、Eさんが事故後まもないタイミングで、被害者がつどう場をつくろうと考えた契機となったようである。

また同じような安堵感は、Eさんだけが感じたものではない。Bさんも『やっぱり同じ場所でけがをした仲間、あのとき一緒にいた仲間、一緒の経験をした仲間というのは、救いがある。安心感が……ありますね』と語るように、あの日の原体験と共有できる記憶。それが空色の会が発足し、そして続いてきた重要な要素の一つであると言えよう。

被害の存在を「可視化し続ける」

そしてEさんには、行政支援などを得ることができないままに、負傷者が退院していけば、被害者同士がバラバラになってしまうという「直感的」な危機感も存在したようである。

事故や災害を長らく研究対象としてきた筆者は、この直感と初動におけるEさんの行動力が、その後の展開に大きな影響を与えたと考える。なぜならば、これまで事故や災害の後に指摘されてきたように、社会的な注目が集まっている事故直後の段階で被害者がつどう場をつくることは、被害の存在を可視化し続ける装置としても機能するからである。

被害者がつどう場についての報道がなされれば、その事実が多くの被害者やその友人、知人の目にとまる。報道を見て、そこに行けば同じような境遇の人と話ができるのではないか、何かの情報が得られるのではないかと考え、問い合わせをしたり、足を運んだりする人がでてくる。同じ境遇の被害者がつどえば、さまざまな悩みや抱える問題を共有することができる。そうすることで被害者の「声」を発信することができる。そしてそれが、さまざまな組織や専門家による被害者支援へとつながっていく。

本来であれば被害者を支援し、そして被害者の声を可視化する活動は、被害者自らが行うことではなく、公的な機関がある程度責任をもって担うべきものであろう。しかし日本の現状では、そのような機能を担う組織は十分ではなく(注1)、被害者自らが主体的に動かなければならない状況が続いている。まして福知山線事故当時には、被害者支援を担う公的な窓口は存在しなかった。

被害者がバラバラになればなるほど、被害はなかったこととして扱われる、もしくは矮小化される。それが過去の事故や災害が繰り返し示してきた事実である。そして、平成に入って最大の死者を出したこの鉄道事故では、亡くなられた方や遺族に関する報道と比較すれば、負傷者についての報道が霞みがちになる可能性も、この段階で想定された。一方で本書で繰り返すように、「負傷者ならでは」の辛さや、必要な支援も存在する。そのことを、中心メンバーの一人であるEさんが、事故直後の段階から感じていたことの意味は大きかった。

つながらなければ……という直感

実際に空色の会の発足に至るまでは、どのような動きであったのだろうか。ここではその中心人物であるEさんの語りを元に、その状況を説明していく。

Eさんは、事故以前から兵庫県内のNPO活動にかかわっており、事故直後から、自らの娘さんのことに心を砕きつつ同時に、「被害者支援」に向けた展望をぼんやりとながら、抱いていたのだという。事故直後に抱いた想いについて、Eさんは『直感』という言葉を繰り返しながら、次のように語っている。

次女が運び込まれた病室で、今後どうしていったらいいのかもわからないし。とにかくこの子の傍にいてあげようと思って。でも、○○（娘さんの名前）は、ママ、忙しいでしょうと。だからもう帰ってもいいよ、なんて言うの。そんな遠慮している場合じゃないでしょう、本当の気持ちを言っていいんだよと言ったら……、いてほしい……と。

（中略）

一方で、どこかで冷静な自分もいて。これだけの事故、今後、公的な支援はあるのだろうかと…。身近な人に相談するだけで大丈夫だろうか、そういう直感があって。（中略）夜中に携帯メールでちょっと知り合いに尋ねてみたら、県の健康福祉事務所でのこころのケア相談が、事故から一週間、開設されると…。これだけの事故なのに保健所の対応は一週間しかないの？　とびっくりして。この規模ならば事故後の対応は一年とか二年とかの話じゃないなと、そのときにもう直感で思っていて。しかも行政は異動が多いから、長く対応してくれたとしても、後々は、今の状況を知らない人が対応することになる。その意味でも無理だなと。

事故の翌日、ＥさんはＮＰＯ法人のミーティングの場に足を運んだ。Ｅさんは当時、兵庫県川西市を拠点とした中間支援のＮＰＯ法人の設立に携わっていた。設立を発表する会合は五月一六日に予定されており、あと一ヶ月もない。そんな最中に、福知山線事故は発生したのであった。

事故が発生した二〇〇五年四月二五日は、月曜日だった。そしてＮＰＯ法人設立に係る定例ミーティングは、毎週火曜日に開催されていた。Ｅさんは、『もう今日は来なくてもいい』『ミーティングも今日は中止しよう』という周囲の声を振り切り、事故翌日のミーティングの場に足を運んだという。そのミーティングの場で、法人が持つ中間支援の機能を活かして、福知山線事故被害者のサポート行う方向性が内々で確認された。その流れで、ＮＰＯ法人設立のお披露目の場で初めて「ＮＰＯ法人市民事務局かわにし」が、被害者（主に負傷者）の支援をしていくことが発表された。

大きかった反響

このことが新聞掲載されて以降の反響は、とてつもなく大きなものだった。まだ具体的には何も決まっておらず、自らの家族の心身の傷も癒えない中で、被害者や報道機関などから、ひっきりなしに問い合わせの電話がかかってきた。その時の状況をEさんは次のように話してくれた。

それで次の日から電話がどんどんかかってきて。どうしようというぐらいの多さにびっくりして……。で、立上げ当初の理事長に、直に電話して。
そうしたら、先生が、Eさん、負傷者支援の窓口をするけど、それはいろいろな人とつなぐという役割ですよねと。それから、負傷者の人たちが集まるかもしれないけど、市民事務局かわにしの誰か、例えばEさんがリーダーになって旗を振って前を走っていくとかいうのではないですねと。あくまでも場をつくるんですよねと。被害者が集まり、例えばその中でグループができたりして、将来的に、NPOとはいわなくても、立ち上がっていくときには、中間支援組織としてそのサポートをすると、そういうことですよね、と。そこを押さえておくならば、メディアの取材を受けるのも大丈夫じゃないですか。と、そう言われたの。

このような形で当時の理事長に、自らが形にしようと思っていたことを言葉にしてもらったことが、いまの活動に繋がる原型だとEさんは言う。

Eさんの中に、言語化されてはいなかったものの明確にあった想い。すなわち、自らが旗振り役となって被害者の権利追求をしていく団体を立ち上げるのではなく、被害者同士が散り散りにならないための「つなぎ役」が必要だと考えたこと。まずは、そのつなぐための窓口を開設するということ。それが具体の言葉を伴って提示されたことの意味は、Eさんにとって大きかった。

一方で、この目指すべき姿を言葉にすること、特に報道機関の人々に伝えることには困難を伴った。さまざまな形で対話の場をつくってきた筆者にも経験があるが、「何かを獲得する」という目的ではなく、「問題を認識している人同士をつなぎ、人々の考えや想いを可視化するプロセスを支援する」ことが目的であるという、「メタ」な目的は、なかなか理解されにくい。

言葉を尽くして説明しても、「結局、どのような被害者支援をするのですか」「加害企業であるJR西日本にどのように要望を出していくのですか」という目に見えやすい具体の行動の方に引き寄せて解釈されることが少なくない。ましてあれだけの大事故が起こり、ある種のメディアスクラムが起こっているような状況である。Eさん自身も、言語化されてほっとしたものの、それを報道関係者に伝えることは容易ではなかったと語る。

この後、日々寄せられる膨大な電話に、Eさんは一つ一つ丁寧に対応していった。被害者支援を発表してからの数週間でわかったことは、被害者は、他の被害者の状況や現在の全体的な状況など、事故に関するさまざまな情報を求めているということだった。それが叶えられるのは、一堂に「つどう場」をつくることではないか。この時点でEさんの頭の中に、「つどい」の原型が思い浮かんだ。

つどう支援者たち

そこから活動が動き始めた。そして活動がなめらかに進み始めた背景には、縁としか言いようがない、たくさんの人との出会いがあったとEさんは言う。ひとつは、弁護士という強力なサポーターを得られたこと。報道機関に取り上げられたことにより、事故発生から一〇年以上が過ぎた現在でも、空色の会の活動を影から支えてくれる弁護士との出会いを得ることができたのだ。

関西では被害者支援の土壌となる事故や事件がいくつかある。その中でも鉄道事故という意味で福知山線事故との関係性が強かったのは、一九九一年に発生した信楽高原鐵道事故であった。信楽高原鐵道事故の被害者支援にもかかわった弁護士らは、福知山線事故の直後から、何ができるのかについて弁護士同士の話し合いを続けていた。ただそれらの弁護士も事故直後は、被害の大きさと規模、そして信楽高原鐵道事故の場合とは異なり、ＪＲ西日本が全面的に非を認めていたことから、すぐに弁護団を作るという話にはならないと考えていたようである。Ｅさんが所属するＮＰＯ法人が負傷者同士の「つなぎ役」として手を挙げることが発表された頃は、弁護士同士で勉強会を重ねつつ、どのような被害者支援ができるかを考え、様子を見る状況にあったという。

負傷者らがつどう場をつくるという記事が、その弁護士らの目にとまった。そこから『いっぺん、話をしましょう』とＥさんのもとに連絡がきたのはすぐだった。そしてそれがきっかけとなり、兵庫県弁護士会、大阪弁護士会の支援が得られるようになっていった。その意味で、メディアの力は大きかったとEさんは言う。そしてこの原体験が、のちにメディアとの協力体制をつくりつつ、活動を展開する空色の会の特色にもつながっていった。

もう一つEさんの心の支えになったのは、犯罪被害者支援のサポートを行う「ひょうご被害者支援センター」の事務局長であった臨床心理士との出会いである。彼女との縁は、事故直後にEさんの先輩がかけてきた電話がつないでくれた。Eさんが、『これだけの事故、しかも次女は助かった。何かさせていただかずにはおれない』と話した時、『わかった。あなたなら、できるよ。やってごらん』という言葉とともにその先輩は、自らが阪神・淡路大震災の後から一緒に活動してきた臨床心理士を紹介すると、Eさんに告げた。

携帯電話の連絡先は教えてもらったものの紆余曲折があり、その臨床心理士とは直接会うまでには時間がかかったと、Eさんは記憶している。しかし二〇〇五年当時、認知度が十分には高くなかった「被害者支援」のエキスパートの力を借りることができたことは、その後の方向性を決める重要な要素につながっていった。

メディアに何をどう伝えるか

第一回目のつどい（注2）は二〇〇五年の六月一二日。それにむけて六月八日には、プレスリリースが行われている。つどう場をつくると発表した五月の中旬から約二週間足らずの間で、弁護士や被害者支援の専門家数名が参加して、どうすれば被害者を守りながらつどう場がつくれるか。またそれをメディアに向けてどう発信していけばよいか、についての議論が続けられた。

その中でも特に困難だったことの一つは、メディア対応であった。事故からまだ一ヶ月も満たない時期。被害者がつどう場は、それまでほとんど設けられていなかったため、メディアからの問い合わせは殺到した。在阪局のみならず東京のテレビ局、またテレビ局も報道番組だけではなく、ワイドショーなどを含めて一社で複数の番組からの取材申し込みがあった。そのほかにも新聞社、週刊誌などを含めた国内のありとあらゆるメディアの問い合わせが、窓口となるＮＰＯ法人の電話に集中していた。

そのような中で、また別の出会いがあったとＥさんは言う。ある報道機関の記者が、自らの職域を超えることなので他言厳禁との断りの上で、貴重なアドバイスを授けてくれたのである。その記者はＥさんに、「これは、川西市の記者クラブで対応するには大きすぎる事案だろう。自分の個人的な知り合いだが、神戸市の広報担当でとても信頼できる人がいる。神戸市では過去に、阪神・淡路大震災や、酒鬼薔薇事件の報道対応も経験してきている。内々で相談にのってもらってはどうか」と打診し、そして仲介の労をとってくれたのである。

Ｅさんは未だに、そのアドバイスをしてくれた広報担当者とは、直接の面識がないと言う。『いつかはどこかで会うかもしれないけれど、電話でしか話したことがないの』と、Ｅさんは秘密を打ち明けるように筆者に語ってくれた。

Ｅさん、神戸市の広報担当者、そして信頼できる臨床心理士の三人で状況を共有し、どのタイミングでどのようなプレス発表をするかについての相談が続けられた。誰がどの場所で、当日の取材対応をどのように行うか。被害者が安全かつプライバシーを守られた状況で、建物に入る動線をどのように引くか。特に負傷者の二次被害を防ぐためのプライバシー確保については、綿密な打ち合わせが行われた。隠し撮りを防ぐために窓のブラインドを下ろすのみならず、間にさらに目隠しになるスクリーンを下ろす対応まで施したそうである。そうして、なんとか当日を迎えることになったのだという。

その記者のアドバイスと神戸市広報担当者の助力がなかったら、初回があのような形で無事に終了したとは思えないとEさんは言う。本当であれば、メディアの立場として言えば、自社の利益のために情報をとりたい、写真をとりたいという気持ちもあっただろう。その記者はそれをぐっと押しとどめ、被害者側の立場にも立って、被害者が安心してつどえる場をつくることに協力してくれた。その意味で、本当にいろいろな人に恵まれて今日があるのだとEさんは言う。

「板挟み」になる

このように、手探り状態で始められた被害者支援活動であったが、第一回目のつどう場では、参加された方々から、こういう場を継続してほしい、次はいつ開催するのかとの声が多く寄せられた。これらのニーズを受けつどう場は、二〇〇六年三月（第七回）までは一ケ月半に一度、その後は月に一度のペースで定期的に開催され、名称も「語りあい、分かちあいのつどい（つどい）」と固定され、二〇一九年三月で第一六一回を迎える。

そのような中で二〇〇七年頃に、負傷者の関心と活動は一つの転機を迎えた。この頃、「示談」というキーワードが、負傷者の中に大きな課題としてのしかかってきたのである。

それまでのつどいは、大きな部屋に四～五のグループをつくり、負傷者同士が集まり、それぞれに自分の近況を話したり、全体での質問に弁護士や臨床心理士が応答したりという形で運営されていた。その参加人数も、事故から二年が過ぎた二〇〇七年頃には、毎回二〇～三〇人ぐらいが定番の形となっていた。そしてこの頃になると負傷者の関心事として、示談に関する話題が増えるようになった。前述のとおりつどいは、示談交渉をする団体として発足したものではなく、負傷者同士がつながる場をつくることを目的として運営されてきた。しかし事故から時間が経過するにつれ、負傷者の関心と示談という話が、どうしても切り離せなくなってきた。むしろつどいの語り合いと、弁護士への示談交渉の相談が同次元の話になりつつあった。

そこでEさんは一つの課題を抱える。これは、被害者（負傷者の母）としてのEさんではなく、NPO法人の事務局長であるEさんとしての課題である。その課題を、Eさんは「板挟み」と表現していた。

事故の直後は、こういうことをやっていこうと思うと言ったら、それはそうだ！　と言っていたスタッフが、だんだん補償とか、ＪＲに対してどうこうとか、そういうお金に絡むことはＮＰＯではやらないことになっていたんじゃないと言い始めて……。確かにそういう側面もある。でもいきなり事故にあって被害者となって、知識もないまま示談の場に臨まざるを得ない負傷者の困惑や苦悩にも、より添っていく必要がある。そこで私、とても苦しんだ。

（中略）

実際にいろんな問い合わせがある時に、弁護士会の無料電話相談やＮＰＯ法人ひょうご被害者支援センター（当時）での無料電話相談、さらに県警の被害者支援センターの無料電話相談などを紹介したり、兵庫県こころのケアセンターや県の健康福祉事務所へのつなぎを行ってきたけれど、それだけでは当時の負傷者の示談や補償についてのニーズに応えるには不十分で。（中略）それでだんだんスタッフの中で、ちょっとずれがうまれてきたというのはある。


Ｅさんはこの頃、自らの活動が本当に負傷者のためになっているのだろうかと、自問自答するようなことも少なくなかったという。それに加えてこのようにスタッフ間での温度差もうまれてきた。このような状況の中でＥさんは、負傷者から寄せられるたくさんの電話やメール、泣きながら訴えられる数々の言葉や、そこから連想される埋もれているであろう『声なき声』に、やはり自分が頑張らなくてはと心を奮い立たせ、時には感謝の言葉に励まされつつ、三年の月日を過ごしてきたという。

示談交渉と、つどう必要性と

　そういう板挟みをEさんが感じるようになった頃、後に空色の会の中心となるメンバーが、示談に関する情報を求めて徐々につどいの場に集まるようになっていた。逆の言い方をすると、現在の空色の会の中心メンバーは、初期のつどいのタイミングから継続的に参加していた人たちではなく、事故からある程度時間が経過し、自らや家族の心身の状況が一定程度落ち着いた段階で、輪の中に加わった人たちであると言える。

　事故の被害者は、それぞれに分断され、孤立する状況になりがちである。自らが何か悪いことをしたわけではないにもかかわらず、示談をめぐる話は他の人とは相談しにくいという事情もある。何人もの被害者が、いざ示談を考えはじめた時に、強い孤独を感じ、途方にくれたと語る。

　そもそも事故に巻き込まれたことも、その示談交渉をしたこともなく、保険や法的な話、後遺障害の認定など、示談に必要な専門知識の全てがわからない。自ら情報を入手して勉強しても、その解釈が適切なのかどうかもよくわからない。他の人たちの示談状況がどういう状況なのかもわからない。加害企業がもつ情報に対して、被害者がもつ情報の量や質は圧倒的に少なかった。そういうもどかしさと焦燥感をそれぞれに感じていた時期が、この二〇〇七年春頃の状況であった。

示談交渉をめぐる不信感（注3）

Ｂさんはその当時のことを、事故からまだ間もない時期に示談を性急に進めようとしたＪＲ西日本への不信感ともに、次のように語っている。事故直後のＪＲ西日本の対応は、拙速さを否めないケースもあり、その不信感から空色の会に参加した人も少なくない。

そろそろ示談を考えているんだけれども、どうしたらいいかとＪＲに相談したら、もう数名がばーっと波のように押しかけてきたというのがあって。で、症状固定をしてもらわないと示談が前に進まないのでというような話をされて。先生に症状固定（注4）で（お願いします）。ＪＲさんが必要だと言うんだけれどもと言ったら、逆にお医者さんの方が、症状固定するって、それは本人がいいと言うのであればしますけれども、本当にいいんですねという聞き方をされて。えっ？　と。
腑に落ちんところがあって、ＪＲの担当の人に、病院でこういうことを言われたんやけれども、症状固定するということは、将来のことにあたって何かマイナス要素があるのかなと言ったら、むこうも黙ったままになってしまって。

Ｂさんのケースでは、たまたまかかりつけの医師が、ふみこんで対応してくれたからこそ、その課題に気づくことができた。しかし、必ずしも誰もが医師と良好なコミュニケーションをとることができるわけでもない。またやりとりの中で違和感を感じた時に、それを確かめるための行動をとれる人ばかりでもないだろう。

事故後まもない時期の対応に関する同様の不信感は、Aさんも口にしている。

（娘は）若いので骨折の治療は順調にいったんですけど、入院当時からずっと、リハビリが始まってからも、ずっと背中の痛みを訴えていて。夜中に痛みで目が覚めて、つらい日々が続いていたという状態で。ここ（空色の会）に参加をするきっかけは、ちょうど一年と数ケ月たってからですね。ＪＲが突然、治療費をストップしますということで連絡が……。

（中略）

どうしようと思って悩んでいたときにEさんがかかわっている三田のシンポジウムがあったんですよ。（中略）ああ、そうだ、あそこへ行ってみようと思い出して。そこで、今のかかりつけの医師にお会いできて、一部始終お話ししたんです。（中略）その先生は、被害者がまだ、痛みで悩んでいるのに治療費を出さないってどういうことやって、すごい言ってくださったので。

それとまた会の活動に参加するようになったのは、時期的には並行みたいな感じ。それから空色の会にちょくちょく行くようになって。

Bさんのケースと同様にAさんも、被害者の側にたってくれる医師がいてくれたからこそ、今があると語る。特にAさんの場合には、知り合った医師が、負傷者である娘さんのペインケアに長けた人であったことから、その点においても医師に対する信頼感が強かった。またJR西日本との交渉を行わなければならないというプレッシャーから解放されたこともあり、その安堵感は大きかったようである。

負傷者と家族等の会（空色の会）の立ち上げ

このような状況の中でEさんは、支援者であるからこそつどいを運営する側の負担が理解でき、一方で家族の立場から、負傷者やその家族の側にのしかかる示談交渉というプレッシャーも理解できるという、板挟みの状況に陥ってしまった。そういうつらい状況が臨界に達したのが、二〇〇八年の二月頃だった。そのような流れの中で、つどいの中からうまれた示談交渉についての勉強会を、二〇〇八年の二月二日には「負傷者と家族等の会（空色の会（注5））」という形で立ち上げ直すことが決まり、新しい動きがスタートした。

空色の会が正式にスタートしたのは、二〇〇八年六月二六日であった。その設立趣旨書には、会が目指すものとして「①負傷者やその家族がつながること、②その結果として納得いく賠償（補償）交渉を行うこと、③公共交通の安全にむけてJR西日本や社会への働きかけをしていくこと」が記されている。

私たちは、今までそれぞれ個別に（家族単位などで）困難に対峙して来ましたが、一人でできることには限界があります。そこで、この度、それぞれの立場や状況、思いを互いにわかちあい、重要な事柄や有用な情報は交換・共有し、必要な時には、いつでも支え合い連携できるような「つながり」の組織を作ることにしました。いつかは乗り越えなければならない賠償（補償）交渉についても、納得いく結果が得られるよう、手をつなぎ、立ち向かっていきたいと考えています。

さらに、ＪＲ西日本が、今回の事故と真摯に向き合い、被害を受けた者への十分な対応はもとより、事故の再発を防止し、安全・安心で快適なサービスを提供することにより、質の高い公共交通の実現を先導していくなど社会的な責任を果たしていくよう、その願いをＪＲ西日本や社会に広く届けていく努力も続けてまいります。

（ＪＲ福知山線事故・負傷者と家族等の会　設立趣旨「会のめざすもの」より）

参加への躊躇

この当時は、メンバーの多くが「示談についての情報が知りたい」という動機で空色の会に参加しており、後述するような公共交通の安全、社会の安全について、何かを発信するという強い意志をもっていたわけではない。

またＢさんは、当初は空色の会に参加することそのものに、ハードルを感じていたと語っている。

空色の会が正式にスタートしたのは、事故から三年が過ぎる頃であった。その間、Ｅさんは、自らが関与するＮＰＯ法人の活動を基盤に、さまざまな負傷者を支援するための活動を展開していた。またそのことを、Bさんをはじめとする負傷者やその家族は耳にしていた。そのような活動にかかわることなく、自らが示談という必要に迫られて参加することに対する複雑な想いを、『いまさら』という言葉を重ねつつ、Bさんは語っている。

Eさんのことも前から知っていたんですけれども。で、あのもう二年もたっていたし、いまさら行ってもいいのかなと……。あの、いまさら何をという……自分の都合だけで行くのが心苦しいというか、そのような気持ちがかなり強くて。まあ、行くだけ行ってみて、だめならもうしょうがないし。いっぺん顔だけ出してくるよといって出かけたら、（事故直後の病院で一緒だった）Cさんがおられたんですよ。病院で、ずっと二人で苦労しながらいろいろやってきていましたので。そこで安心感がぐーっと出て、解放されたような気持ちになって。

（中略）

本当に、あそこにCさんがいるのといないのとでは、私にとってものすごい差があったんですよ。運命を感じるというか、なんや、とても不思議な気分でした。

こうして空色の会は正式に立ち上がり、動き出すこととなった。

そこには、たくさんの人と人との縁が重なっている。事故の前からEさんがかかわっていた中間支援団体という受け皿。弁護士や臨床心理士などの専門家からの支援や、報道機関との連携。負傷者やその家族たちの『運命』とも呼べるような出会い。そして、つどいの場が、何かの交渉のためではなく、それぞれの想いを吐露することができる場をつくることに専念してきたことの意味も大きいだろう。生活の悩みや課題を話し合い、状況によっては専門家の支援を受け、少しずつ日常を取り戻すことができてはじめて自然な形で、個々の実情に応じた示談の相談や、その先の公共交通の安全について考える自主的な場として、空色の会が生まれてきたのである。

2　負傷者とその家族であるということ

情報漏洩問題という衝撃

筆者が空色の会に初めて足を運んだのは、二〇一〇年の一月である。空色の会の発足から、筆者が実際にその活動にかかわるまでには、約一年半あまりの月日が流れている。

空色の会は、前述の通り負傷者がつどい、その結果として納得のいく示談を行うこと、そして公共交通の安全に向けた働きかけをしていくことなどを目的として発足した。しかし、そこで大きな問題が発生する。二〇〇九年九月に発覚した運輸安全委員会の前身となる航空・鉄道事故調査委員会の委員による情報漏洩問題である。

この問題は、福知山線事故の調査に携わっていた航空・鉄道事故調査委員会の委員（当時）が、この事故の加害企業にあたるＪＲ西日本の山崎正夫社長（当時）らの求めに応じて、進行中であった事故調査に関する情報を漏洩したというものであった。さらに作成途中にあった鉄道事故調査報告書の記述について、同社長から再考を依頼された委員が、審議においてその意向をうける形で書き換えを求める発言を行っていたことも明るみとなった。

この詳細について、本書では詳しくは触れない。また関連する記述については第三章にゆずるが、旧国鉄時代からの先輩－後輩という個人的な関係を頼って、航空・鉄道事故調査委員会の委員からＪＲ西日本幹部へ情報が漏洩されたという前代未聞の不祥事は、遺族のみならず多くの負傷者やその家族を落胆させた。それだけでなく、強い怒りの感情を引き起こした。今から振り返ればこの情報漏洩問題は、一定程度収束しつつあった負傷者やその家族の活動が、再び活発化する契機となったとも言える。

情報漏洩問題に対する憤り、そしてそれが空色の会の展開に与えた影響について、中心メンバーの一人であるＣさんは次のように語っている。

> 負傷者は、今まであまり、クローズアップされていないというところがあったと思うんです。そういう意味でもやっぱり、この事故の負傷者が、被害者というか負傷者的な者が集まって、何かをこう発信していくというのは、社会的な意味があるというか、重要なことかなという、そういう気持ちがありますね。
> 何か訴えなあかんという、そういう使命感といったらあれですけど……。（中略）でも、もともと強い使命感があったからというのではなくて……ほんまにね、こっちの方向へこう導かれているような。
> ＪＲの情報漏えい問題で、あれですごいことになりましたからね。あそこで、どかーんと、取り組んでいる内容がすごいこと（社会的使命を帯びるような形に）になってきて。（中略）まあそういうふうに導かれるものもあってこうなったかなという気もしますね。それで、どこかで、導かれていると思うから、逆にある種の使命感みたいなものが生まれてきたというういうか……

導かれるという感覚

このCさんの『導かれる』という言葉はとても印象的なものである。『もともと強い使命感があったからというのではなくて』と語るように、検証メンバー（注6）にも名前を連ね、そしてその会合にも精力的に参加していたCさん自身は、初期段階からEさんのように被害者のための活動、社会のために活動を展開するという意思を持っていたわけではないと言う。Bさんと同じく、負傷者の家族として、自らや家族の生活をよりよいものにしたいという動機で、空色の会の活動に参加した。

それがこの情報漏洩問題をきっかけに、より具体的には、情報漏洩問題に端を発して出会ったさまざまな人々（当然のことながら、出会った人々の中には筆者も含まれる）に触発される形で、少しずつ自分の意識が変わってきたように感じるとCさんは語っている。

さらに出会いが次の出会いを呼ぶ形で、他の事故や事件の被害者とつながり、検証委員会のメンバー（有識者や福知山線事故の遺族など）以外の考え方や、事故の経験に触れ、知見を得る。それをもとに考え、検証委員会の場や、また報道機関の求めに応じて、それに対して自分の考えを述べるということを繰り返す中で、導かれるようにある種の使命感のようなものが生まれてきたように感じる、とCさんは語る。Cさんが『導かれる』と語るもの、それはあえて言葉にすれば、事故で無念のうちに亡くなった方や、安全な社会をつくるために活動し続けてきた被害者たちの意思に導かれているというような感覚なのであろう。

そして、Cさんが『どこかで、導かれていると思うから、逆にある種の使命感みたいなものが生まれてきたというか……』と語るように、導かれる感覚と、自分の心のうちに芽生え育っていく使命感、その両方が自らの心のうちで相乗効果をもたらしてきたのが、情報漏洩問題から数年間のCさんの心情なのだろう。

Bさんが空色の会でCさんと再会したことについて『運命を感じる』と表現したことも、このCさんの『導かれる』という言葉に通じるニュアンスがある。その他の空色の会の中心メンバーや負傷者の方々と話していると、『たまたまの出会い』『この出会いが次の出会い、さらにその次の出会いをよぶ感じで』という言葉で、自らがいまこの活動にかかわっていること、今の生活を支えているものや人との出会いを、ある種の運命のように表現する言葉に出くわすことは少なくない。

出会った瞬間に運命を感じるというよりは、負傷者の心身の状態がある程度落ち着き、自らの事故の経験を穏やかに受けとめることができるようになった時、後から振り返ればという形で、その出会いや経験が『運命』と評価されるのであろう。そしてこの「振り返ることができる」という事実が、事故の「後」の時間を生きることができたという事実こそが、負傷者やその家族にとっての大きな意味であると同時に、亡くなられた方や遺族に対する罪悪感を、負傷者やその家族が捨てきれないことにもつながっていく。

「生き残ってくれた」という想い

空色の会が立ち上がった経緯については、ここまでに詳しく述べた。その上で、その活動が「続く」原動力がどこにあるのかについても、少し詳しく記述したい。

そのひとつは「生き残った」、もしくは大切な人が「生き残ってくれた」ということに対する感謝と、亡くなられた方にする申し訳なさ、そして前述の「遺族であったかもしれない自分」という原体験だろう。これは、負傷者本人というよりは、負傷者の家族から強く語られる言葉でもある。

Bさんは、自分だけの問題ではないと感じ、事故が起こらないような社会環境づくりにまで思考が及ぶようになった理由について『一歩間違えば』という言葉をつかって次のように語っている。

> 事故当日、息子の姿が新聞に載っていたんですよ。（新聞の写真を示しながら）。こういうのを見るとね。やっぱり一歩間違えばという気持ちがね。（中略）自分でもものすごく感情が高ぶるというんですかね。最初は、安心感をまあもらいたかったということと、（他の負傷者が）どうしているのか聞きたかったということと、はっきりとした事故原因が知りたかったということころかな。そうしているうちに、これはやっぱり自分だけの問題じゃないなというのに気がつきだして。（中略）まあね、自分で政治を動かすという大それた考え方があったわけではないけど。やはり、どういうんですかね、事故がもう二度と起こらない、そういう環境になってくれたらなというように思ったりするようになって、今みたいな感じですかね。

またCさんも、家族が戻ってきて一緒にいてくれることとの安堵感と、安堵感を感じるからこそより強く自らの胸のうちに湧き上がる、亡くなった方や遺族への申し訳なさについて語っている。そしてそうした感情の先に、風化防止についての社会的な動きを作りたいという想いが出てきたと言う。

やっぱり亡くなった遺族の方のことを考えると、何かしたいという気持ちがあるんですよね。Eさんが僕と同じような話をしていたけど、家族としてはやっぱり、遺族の人と負傷者の家族の違いは、そこに戻ってきて、一緒にいてくれるということ、そこがものすごく大きな違いで。
それがやっぱり、僕らにとってはちょっと負い目になるというかね、やっぱりつらいところ。そういうのを考えていると、やっぱり風化防止というのに、風化防止という方向へ、こう考えがいって（繋がって）くるんかなと。本当にご遺族との差は、本当に寸差で、うちは三両目に乗っていたから本当にもう……。そう考えるとね、やっぱりもう他人事ではないというのもありますよね。

『ご遺族との差は、本当に寸差』という言葉は、家族の無事に安堵とすると同時に、申し訳ないと思う気持ちを抱き続けてきた負傷者の家族に、通底する想いだろう。
そしてCさんが、『戻ってきて、一緒にいてくれるということ、そこがものすごく大きな違い』と表現するように、事故から奇跡的に生還した自らの家族の存在をたしかに感じる瞬間にこそ、それらの想いは強く立ち上がるように筆者にはみえる。

『事故友《じこども》』という言葉

一方で負傷者は、事故にあったことを、そしてその後の人生をどのように語るのだろうか。Dさんは、ある程度心身の状態が落ち着いた現在から事故を振り返った時、「事故にあった」という事実が自分の人生に与えた影響について次のように語っている。

もう事故にあったところで、道が事故にあった人生とあわなかった人生で違っちゃって。（事故に）あわへんかったことにはならないし、もう元には戻らないし。あったからこそ、得たこともあるんです……。皆さんと会えたこととか。

そんな毎日毎日思ってるわけじゃないけど、でもたぶん人よりはいつでも人には終わりが来るっていう感じがあって。そういうのってたぶん事故にあわなかったら思わなかったと思う。当たり前のことがね、幸せなんですよね。そういうことって、事故にあって得たことやから、（事故に）あってよかったとまでは言わないですけど、あったから得たことでもある。

すごくそれは私にとっては大きいな。なかなかそうは思えないっていうか、思えてなかったですから。日々が当たり前っていうか、それが幸せみたいにはね。今日生きてることが本当はすごいことなんですよね。私も毎日、そんなふうに思ってるわけじゃないですけど。

事故に遭遇したこと自体を、一〇〇％肯定的に捉えている負傷者はいないだろう。その一方で事故後の日々過ごす中で、事故にあったことについて、別の意味を見出す負傷者がいることもまた事実である。Dさんが語るように、なにげない日常が当たり前の生活として流れていくことのありがたみ。一般論として知っていたはずのその真実を、改めて全身で感じ、そして日々を過ごしていくことの安堵感は、折に触れて負傷者本人の口から語られる。

また、別の機会でDさんは、『事故友《じこども》』という言葉で、事故を通じて出会った人々が、自らにとってどのような意味を持つのかについても語っている。彼女が「事故友」という言葉を使う時、そこにはいくつかの意味がある。一つ目は、異なる職業、年齢、住まう地域、思想というように、事故にあわなければ、会うことがなかった人々との出会いそのものである。これには後述するような、福知山線事故以外の被害者の方々との出会いも含まれる。

二つ目は、事故にあうという経験がなければ会うことがなかった人々と共有している、信念とも呼べるような想いについてである。被害者であることの辛さや悲しみや、言葉にしようもないほどに途方にくれた日々の記憶と、だからこそ二度とこのような事故は起こしてはならない、そして事故を風化させたくないという強い気持ち。それを、事故がなければ出会うはずがなかった人々（事故友）と共有し、共に行動していることの不思議さを、常々Dさんは口にする。

Dさんは、自らのことを幾度となく『自分はボランティア精神がない』と語る。そしてこのボランティア精神という言葉は、Dさんが、空色の会の社会的な活動について語る時に、自らはもともとそのようなことを指向する人間ではなかった、という自己評価の表現として出てくる。しかし一方で、Dさん自身は、負傷者として報道各社の取材に応じ、求められるアンケートには丁寧に応え、自らができる「負傷者としてやるべきこと」を積極的に行っている。そこに至るまでには、できれば報道に対応したくない、氏名は出してほしくないというような葛藤もあったという。しかしそのような逡巡を感じつつも、彼女が自らにできることを丁寧に続けていこうとするようになった背景には、「事故友」の出会いも含めて、事故後の日々を生きていく中でDさんが培った、事故を風化させたくないという強い想いがあるという。

そして彼女が大切にしている「事故友」の三つ目の意味は、あの日あの時同じ電車に乗って、同じように事故にあった人たち。その後の日々を過ごす中で、自分でも言語化しにくい想いを、また言葉にした時の意に反するリアクションを恐れて口ごもってしまう想いを、何の不安もなく、ただ思いつくままに話せる安堵できる相手。そういう意味での「友達」なのであろう。

メモリアルウオークの場面で、空色の栞を作る場面で、またその他の活動の場面で、負傷者同士が笑顔で『お久しぶり』『元気やった?』と交わす言葉の中に、生死の境をさまよったという深刻さを感じることは、筆者にはできない。私たちのありふれた日常のなかにあるように、友達同士久しぶりの再会を喜んでいる、そういう風景である。

しかし、そこでポツポツと語られる内容は、決して軽いものではない。『最近腰痛がひどくなって…』『ちょっと最近気分がふさぎ込むことが多くて…』と心身の不調を訴える言葉もあれば、生々しく、あの日のこと、自分がどのように救出され、その時周囲がどのような状況であったのの詳細が、突然に語られることもある。そしてそれすらも、『えー、そうやったん、私もなー』という形で別の誰かが引き取り、普通の友達同士の気軽なおしゃべりのように会話が続いていく。事故の記憶が、特別なものとしてではなく、普通の日常の記憶と同じように扱われ、そしてそれにポンポンと軽妙に会話が重なる。この状況を筆者も最初は戸惑って受け止めていたように思う。しかしDさんが、『事故友《じことも》』がとても大事だと表現した時に、ああそうか、そういうことかとはじめて腑に落ちたような気がしたものだ。

まずは、身体の回復

しかしDさんも、筆者が最初に空色の会に参画し始めた当時（二〇一〇年頃）は、そのようなかたちで事故をとらえていなかった。当時を振り返って本人もそう語るが、筆者の脳裏に残る印象は、がっちりと足首を支える黒い補助靴を履いて、足の痛みをこらえつつ「普通に」歩こうとしているDさんの姿だ。最初のメモリアルウオークの時には、『やっぱり、ちょっと、休憩しよっ』というDさんに誘われて、事故現場近くの公園で、他の負傷者の方々と一緒にベンチに腰掛けて休憩し、それからまた再びゆっくり歩いてゴールを目指した。

筆者が出会った頃には、補助靴を使えば日常生活にはそれほど支障をきたさないレベルまで身体的には回復していたDさんは、事故の直後にリハビリにのぞんでいた『自分のことで、もういっぱいいっぱいだった』頃のことを、こう語る。

最初はやっぱり元に戻らへんことに対して、すごくこう、いらいらして。本当に歩けなくて……。歩いている時に、おじいさんに抜かされましたからね。あと自転車も長いこと乗れなかったし……。自転車なんか楽ちんと思ってたのに、結構腰とか使うんですよね……。

そんな時は、もう本当にもう何でー　みたいな感じやったし。だからそういうときは、自分のことだけしか考えてなくて。子供とかのことも、その頃は見えていなかったと思う。

そしてDさんは、事故の前と同じではない自分を受け入れ、幅広い視野から振り返り、その先の事故を防止するという願いを語るようになるためには、痛みからの解放と身体の回復が何よりも重要であると語る。

当然のことである。突然事故にあい、日常が一変する。ショックと痛みで、自らの記憶すら途切れ途切れにしか残らない入院生活を経て、やっとの思いで帰宅する。母として家族のことを思いやりながら、一方で少しでも日常を取り戻すためのリハビリに時間を費やす日々。意識することもなく、普通にできていたことができない。その普通のことをするために、リハビリという努力が必要である現実。そして、Dさんが、『自分が本当にこうなって（日常生活を取り戻して）、やっとこう見れるっていうか、振り返れるというか』と語るように、その当時は、本当に前のように歩けるようになるのか、仕事に復帰することができるのか、母として子どもたちのことをしてあげることができるのかは、未知数であった。

自らに起こった不運を見つめ直すことができるようになったきっかけは、特にはない、とDさんは言う。『じわじわかな。じわじわ。』と彼女が言葉にしたように、『少しずつ、できることが増え』、日常を取り戻すことができてはじめて、全く元どおりではなくとも、歩くことに多少不自由があることも含めて、Dさんはそれを自分だと受け入れることができるようになった。そして今では、公の場で大きな声で語ることはないにせよ、『事故にあったからこその人生』と、今の自分を肯定的に受け止めることができるようにもなってきた。

それは、負傷者の家族も同じだろう。空色の会が立ち上がったのは事故から三年が過ぎたころであった。そしてそこまでの三年の間、インタビューに応じてくださった負傷者の家族たちもまた、大きな傷を負った自らの家族の身体の「回復」のことしか考えられなかったと言う。Aさんは、『夜中に痛みで目が覚めて、痛みをこらえきれずに泣き続ける背中』を、一緒に泣きながらさすってあげるしかできなかった日々を、涙ぐみながらも何度も筆者に語ってくれた。一方で、筆者が出会った頃のAさんの娘さんの状況は、痛みは残るもののさまざまな治療や補完代替医療を経て、『痛みとつきあう』と思える程度にまでは改善していたと言えるだろう。そして本書で引用するAさんの語りは、一定程度の身体的回復があったからこそ、初めて形になったものでもある。

まずは身体の回復を感じてこそ、気持ちも行動も前を向くことができる。その当たり前のことは、負傷者の支援を行う時、一番に強調されるべきことであろう。

それでも戻りきらない「普通」の生活

一方で、そのように前向きに自らの事故を語るDさんに、「普通」の生活が戻ってきたのかと言うと、それはまた違う。そもそも普通の生活とは何だろう。

Dさんは、今では普通に家事をこなす。自力で歩いている。仕事にも復帰している。夫や友人と食事や会話を楽しむ時間ももっている。時には、ご夫婦で趣味のスキーを楽しむ。そういう意味では、外から眺める限り普通の生活を送っている。本人が、わざわざ福知山線事故にあったと言及しないかぎり、おそらく外見や振る舞いから、そのことに気づくことはできないだろう。

事故から一〇年以上が過ぎた今でも、事故に連なる身体の痛みや辛さに、苦しめられ、普通の生活を送ることが困難な負傷者がいると同時に、少なくない負傷者が、外から見る限りにおいては、普通の生活を営んでいる。この感覚を、Dさんは次のように語っている。

> 事故から六年目頃かな、やっとこう、普通かなって……。
> 何て言うんだろう、そういうこと（事故にあい大怪我をする）が起こってしまうと、テレビ見たりとか音楽聴いたりとかって、しんとこ（しないでおこう）じゃなくって、思いつかないんですよ。で、だらだら日々が過ぎていって、ある日ふっと、ああ、そう言えば、最近、音楽聴いてなかったわとか気がつく。何ていうんだろう、うーん。普通が戻ってきたと言うより、普通じゃなかったってことに、あっ、て（気づく）。そういうことの積み重

ね？

（中略）

戻っていくのは、だんだんだんだんかな……。もうすこし前とかだと、まだやっぱり前の自分とは違うっていうか、できることがね、たりない。これができないとか、あれができないとか、そんな感じやったんやけど。やっと普通の生活っていうか、背中の痛みとか抱えながらも、あんまりもう事故の前とは変わらないぐらいの自分になってるのかな。

普通が「戻る」ではなく、普通でなかったということに「気づく」。渦中にある負傷者の感覚はまさにそうなのであろう。そして、それは事故から一〇数年が過ぎた現在でも変わらない。別の負傷者は「今の自分は普通と言われたらそうなのだけど、でもある時、自分がバイクに乗っている写真をみて、あ、バイクにはもう乗れないなと。乗っていなかったし、乗ろうともしていなかったなと。そう気づいてなんとも言いようのない気分になった」と語っていた。

Dさんの言葉を借りれば、大好きだったスキーは足に多少の痺れがあってもなんとか楽しめる程度にはなってきた。でも大好きだったテニスは、やはり腕の腫れや痺れがあってできない。その状況を『ちょっと試してみたときに、あ、やっぱり無理かなって思って。で、そこ（テニスをすること）からずっと遠のいてる』とDさんが語るように、普通でなかったということに「気づく」という形で、事故にあったという事実が改めて、負傷者の前に立ちあがるのだろう。

また別の場面でもDさんは、「普通でなかった」と気づいた経験について語っている。兵庫県こころのケアセンターでは、継続して福知山線事故の被害者の経過観察およびカウンセリングを実施している。事故から一三年以上が過ぎた二〇一八年秋に、このカウンセリングを受診したDさんは、『もう全然大丈夫』と思っていたのに、改めて『今、普通にそうしていることが、実は普通ではないという事実に気づいた』と語っている。

つり革を持った状態で事故に遭遇したDさんは、現在でも、つり革を持って電車に乗ることはできない。正確には、Dさんにとって電車に乗るということは、座って電車に乗ることであり、つり革を持って立った状態で電車に乗るという選択肢はない。Dさんは、その行動を他者に説明する状況を避けるために、事故のことを知らない人とは一緒に電車にのる状況をつくらない、待ち合わせをする時には現地集合にする、という行動パターンをとるようになった。そのこと自体は、生活の中にすでに自然に溶け込んでしまった行動パターンなので、それをことさらに意識することは、ほとんどないようである。しかしカウンセリングで自らの近況を語るという状況に置かれた時、改めて「普通」ではないという事実に気づいたのだという。

「治らない」ことと、付き合って生きていく

ここまでに述べてきたような普通の生活に戻れているようで、戻れていない状況を、Bさんは事故と

は全く別の経験をもとに、次のように語っている。それは、事故で受けた傷は「治る病気」ではなく、一生抱える「障害」と同じだという視点である。

（自らの母親が車椅子生活である状況と、その母親の生活を成立させるための苦労を振り返りつつ）自分は障害があるということに非常に感覚的に敏感なところがあって。どういうんですかね、病気で悪いのと、障害があるというのは全然違うというか。

（中略）

病院であれば、病気であれば、注射を打ったり、治したりいろいろなことをすればいいんですけど、障害というのは治らないので。維持していたりとか……、介護をしたり……、誰かの手助けが必要なので。

（中略）

福知山線事故の場合は、突然に障害を背負ったようなものじゃないですか。そのときに、症状固定して困っているという声を聞くと………重なります。重なって……、そうじゃないだろうと。突然起こった、障害者になってしまった人がどうやって生活していくすべというのがあるんだろうかとか。

負傷者であるということ。それは事故にあった被害者であり、身体の痛みを中心とした被害から「回復」する主体であると同時に、その先に続く人生を生きていく、生活を営んでいく主体であるということを意味する。

Bさんが事故によって『誰かの手助けが必要』となってしまった人が、『生活していくすべ』があるのかと心配することは、事故にあってしまった息子、今は職を得て元気に過ごしている息子の将来に、生活に支障をきたすような事態が発生したらという不安とも重ねられている。

「回復」するという言葉には、どうしても元の姿に戻る、怪我や病気で言えば「治る」というイメージがつきまとう。しかし実際には、最終的に治らないことを前提として、心身のどこかになにかしらの傷や痛みが残り続けることを前提にした「回復」を考えていかなければならない。それは、事故の前の自分に戻るということではなく、事故にあってしまった自分も含めて、自らの人生を再構築していくプロセスに他ならない。

負傷者やその家族が、悲嘆にくれて、日々を泣き暮らしているわけではない。その日常には笑いもあれば喜びもあり、それは一見すると事故にあったことがない人の日常と変わりはない。しかしだからといって、それはやはり事故に合わなかったということと同義ではない。その意味で被害者が、そのような傷を持ちながらも社会に適応し、さまざまな支援を受けながら、あるいは支援を受けないで、自律的に生きていける。そのような再生の道をつくり上げていくことが重要なのだろう。

生き続けていくからこその不安

それは遺族の前では、また遺族のことを憚って大きな声で語られることはないが、負傷者ならではの

「生き続けているからこそ」の不安と言い換えることもできる。

福知山線事故の負傷者が抱える課題は、各人の負傷状況や生活環境などの違いによりさまざまである。事故前の日常生活が不可能な程の傷害を負った人もいれば、痛みをほとんど感じない程度に事故前の生活を取り戻している人もいる。また、一見普通の生活に戻ったように見える負傷者の中にも、足腰の痛み、可動域の制限など、これ以上回復しないとされた身体の苦痛とつきあい続けている人も存在する。

一方で、共通する課題も少なくない。その一つは、予期せぬ問題が発生することはないのかという、将来に向けた不安である。空色の会のメンバーが結束し、ここまで活動を続けてきている背景には、もし将来、痛みや障害の程度がひどくなった時に、どうすればよいのかという不安がある。これは、負傷者本人よりむしろ、大学生や社会人になったばかりの「我が子」が事故にあったケース、つまり負傷者の親に強くみられる傾向でもある。

今は、まだ本人も若い。しかし時間の経過とともに、出産・育児といったライフイベントを迎える。またその先には加齢にともなう心身の変化も出てくる。その時に親はさらに歳を重ね、そしていつまでも元気でいられるかどうかわからない。そう考えると、自分（親）が歳をとり、子供のサポートができなくなった時に備えて、できる限りのことをしておきたい。そういう親が子を心配する気持ちが、空色の会が続いてきた原動力にはある。

福知山線事故の負傷者が抱える課題は、各人の負傷状況や生活環境などの違いによりさまざまである。一方で、事故から長い時間が経過する現在において共通する不安と課題は、この「将来的に、予期せぬ心身の問題が発生することはないのか」ということである。

痺れや痛み（注7）が、加齢とともに、これ以上酷くなることはないのだろうか。阪神・淡路大震災から二〇年以上が経過して、震災と高次脳機能障害の関係がクローズアップされたように、原因がわからない心身の不調が、実は事故が原因の一つであったと示唆されることはないのだろうか。そういう将来への不安が、負傷者やその家族の中には色濃く残り続けている。

加害企業は賠償責任を負う。その一方で日本の法体系では、損害を受けた側がその損害を立証する責任があるため、その相当因果関係は負傷者の側が立証しなければならない。そして負傷者は、自分の身に心身の不調が発生した時、仮にそれが事故に起因するものであったとしても、その因果関係を証明することは難しいのではないかという疑念を抱き続けている。実際、福知山線事故において、個々人が受けた被害状況は多種多様であり、同一様態の傷病サンプル数がきわめて限定されるため、その因果関係の立証には大きなハードルがあると言えるだろう。

現在の法体系のもとでは、このハードルを直接的に乗り超えることは難しい。しかしそれでもなお、負傷者の生活が少しでも「回復」することを求めて、負傷者やその家族同士が、そして被害者と加害企業に属する人々が、対話することを通じて課題を丁寧に共有し、解決の形を探し続けるプロセスには大きな意味があると筆者は考える。

そしてこれらは「生き続けていくからこそ」の不安に他ならず、遺族からこの問題点が提起される可能性は少ない。そうであるが故に、日頃、報道機関にコメントを求められる際に、遺族の方々にどうしても遠慮気味になる負傷者の方々も、ここだけは譲らない。自らが負傷者やその家族になって初めてわかったこと、それを空色の会を通じて強く発信していきたいと願うのだろう。

Ａさんが『今まで負傷者というのは、やっぱり置き去りにされてきたところがあるじゃないですか。それではいけないのではないかと思うんです。少なくとも、ずっと先までの、恒久的ケア必要性というのは、いつでも、どんなときでも言っていきたい。』と語るように、負傷者の家族、特に親の立場にある家族が強く願うことは、将来の不安への対応なのである。そして、負傷者の家族は、控えめながらもしっかりと『これだけは亡くなった人たちの想いとは違う』『自分たちがはっきりと発信していかねば』と口にする。

お金じゃない

その中で繰り返し負傷者やその家族の口から溢れる言葉は『お金じゃない』ということだ。もちろん取り返しのつかない事故を何かの形で落ち着けるためには損害賠償は必要だ。残念ながら「お金」という形でしか、加害企業は贖罪をし、誠意を示すことできないという側面もある。そうであっても自分たちがほしいものは、お金ではなく、事故の前にあった日常生活、自分の大切な人と大切にしてきた日々の暮らしなのだと、負傷者やその家族は主張する。

Ｄさんは、医師から症状固定とされた後も、治療費は自己負担という中で、痛みや痺れの緩和のために接骨院に通い続けていた。しかし、この接骨院通いは、Dさんの症状緩和には繋がらなかった。一旦は諦めて通院をやめたものの、その後に強い痛みが再発。『藁にもすがる気持ちで』友人に紹介してもらった整体に通い始めて、徐々に症状が緩和されてきたのだという。

忙しい日々の合間をぬって整体に通い続ける物理的負担と金銭的負担。そして事故によって引き起こされた痛みや痺れを緩和するための通院にもかかわらず、それらの負担を自らが担わなければならないという気持ちの葛藤。そういう負担や葛藤を抱えつつもDさんが整体に通い続けたのは、痛みを抱え続けることがあまりにも辛かったからだった。そして、整体や鍼灸治療に通うことにより、もうこれ以上良くはならないと言われていた背中の痛みや足のしびれが、わずかずつながら良くなっていると感じられるようになった喜びが、それらの行動を後押しし続けた。

痛みと痺れをなくしたい。自分の力で普通に歩きたい。事故にあう前には当たり前にできていたことだった。それが事故の日を境に普通の行為ではなくなり、普通にできるようになるために、努力を必要とする行為に置き換わった。そのための努力の一部、整体や鍼灸をうけるために必要な「実費」を手当てしてほしいということが、被害者からの「要求」という言葉に置き換わってしまう切なさ。痛みのことを忘れたい、良くなりたいと願っているにもかかわらず、JR西日本の担当者に対しては、痛みを言葉にして伝えなければならないという心理的負担。

Dさんは、日頃、そこまで断定的に物事を語る人ではない。『……と私は思うんやけどぉ』『私は、ようわからへんのやけど……』というふうに、異論を述べるときでも、断定口調を避けたり前置きを入れたりして、発言のニュアンスを和らげることが少なくない。しかしこの点については、Dさんは断言する。事故の前の日常に近い自分を、できる限り取り戻すための努力を惜しみたくない。そのための実費の負担を、被害者が負わなければならないのはおかしい、と。この言葉の強さは、Dさんが痛みや痺れと正面から向き合い、そして負傷者やその家族とその辛さを共有しながら、日常を取り戻すために費やしてきた時間がつくりだしたものだと筆者は考える。

被害の程度のわかりにくさと、語りにくさ

もう一つ、ここで書き留めておきたいことは、負傷者だからこそ鮮明になる課題、被害の程度のわかりにくさと、語りにくさについてである。

本書を読み進めてくださっているみなさんは、負傷者の被害ときいてどのようなものを思い浮かべるだろうか。報道などで見聞きする負傷者の姿は、極端に生活に支障をきたしているケースか、もしくは四肢の稼働に支障をきたしたりはしているものの、比較的元気に日常生活を送っているケースではないだろうか。一方で、見えない傷がある。それがＰＴＳＤに代表される心の傷である。

マンションに衝突し、多数の死者を出した一両目から二両目の車両の方が、目に見える被害の程度が大きい。それらの車両に乗っていて記憶が鮮明な負傷者は、身体のみならず心にも深い傷を負っている。一方で、それらの車両に乗っていて助かった人の中には、事故直後は気を失っていたり、記憶が途切れ

途切れだったりし、現場の状況を鮮明には覚えていないケースも存在する。

脱線しなかった後方車両の乗客にも、深い心の傷を負った人はいた。事故直後は身体的には元気であったがゆえに、その現場をつぶさに見てしまった、場合によっては救出活動に携わったという人も少なくない。心の傷という意味では、「全部見ていた」という事実は重い。そしてそのことが原因で、長らく心療内科にかかっている、薬が手放せないという負傷者も存在する。しかしそれらの負傷者は、心の傷は大きいはずなのに、見た目の被害が少ないがゆえに、口をつぐみがちになってしまう。

そこに、被害者の階層化とも呼べる構造が拍車をかける。それの構造はむしろ、他者から「あなたの被害は軽い」と指摘される形でつくられるのではない。被害者本人が、そう指摘される可能性を敏感に感じ取り、自らの被害を語ることに自制的になることから、形づくられていく。

負傷者同士が自己紹介する時に、事故の時に○両目に乗っていて、と語り始める人は少なくない。しかし一方で、○両目に乗っていたということを共有する自己紹介のあり方そのものが、自らの経験を語ることへのハードルをあげると言う負傷者もいる。場合によっては「私は○両目（後方車両）に乗っていて無事だったので、このようにみなさんの前でお話しするのは…」と、遠慮がちに話し始める負傷者もいる。

筆者は直接的な接点を持たないが、直後に救出活動に入った近隣住民、近隣事業所の従業員の方々もまた、同様の傷を負った被害者であろう。事故現場となってしまったマンション住民もそうであろう。救助活動には携わらなくとも、日常生活の場に突然サイレンが鳴り響き、多くのマスコミがやってくるという非日常に巻きこまれたことで、大きなストレスを感じた人もいるだろう。

そのような状況の中で、心を傷つけられた人々にも空色の会のメンバーは想いをはせる。それは、負傷者という同じくくりの中にいる自分たちも、その細部に目を凝らしてみれば一人一人は違い、語られにくかったり、目に見えなかったりする被害がたくさんあることを、長年の活動やお互いの語りの中で知っているからだろう。

とどのつまり求められていることは、起こった事故の被害や置かれた状況にかかわらず、被害者というものが社会的に認知されること、理解されることなのであろう。被害者が抱え込む不条理な問題をありのまま理解し、社会的に寄り添う、あるいは個人的に寄り添う、さまざまな形を含めて、社会の文化が変わることが求められているのである。もし事故が起こってしまっても、被害者が人間として生きられるということ、そういう支えのある社会の仕組みをつくること、その全てが求められているのだ。そうした被害者が生きられる社会をどうやってつくるかが、これからの課題ではなのではないだろうか。

家族という、被害者

事故から六年目の頃、Dさんとやり取りをしていて、改めて筆者自身も気づいたことがあった。それは、身体的回復の後に初めて、語られる言葉があるということだ。

Dさんは、事故から六年目が過ぎる頃、空色の会の活動には魅力を感じてはいるものの、少し『疲れた』というか『ちょっとお休みしたいなあ』と思うことがあり、その中で夫も『被害者なんだ』ということに改めて気づいたと言う。

私の方がもう（空色の会にかかわるのは）いいかなって気持ちがちょっとあるのかもしれない。いっとき、ちょっと、もうおやすみしたいと思うときがあって……。全部終わらせたいと思っている時があったんだけど……。で、私はそれまでは、（示談するかどうかも、空色の会にかかわるかどうかも、夫の問題ではなくて）、私のことやのにっ！ て思ってるときが、あったんだけど。何がきっかけやろう。旦那さんも被害者やなってすごく思ったんです。私以上の被害者かもしれへんて……、ある意味思いましたね。

私は私のことでもういっぱいいっぱいで、それこそ何年も何年も、私しか見てないんですよ。子供の世話は、母親なんでしてるんだけど。自分のことしかみえてなくて。でも、旦那さんは、こう全体をもっと見てて、もしかして一番の被害者かなって気もして。

筆者からみるとこの頃のDさんは、筆者が初めて出会った頃よりもずっと、身体的には回復していた。足の痺れや痛みがないと言えるほどではなくとも、仕事にも復帰し、少しずつながら夫婦として休日を楽しむ余裕も出始めていた。「子育て」から手が離れたこともその背景にはあっただろう。

そうなってはじめて、夫も『被害者だった』と気づいたと私に語ったDさんは、少しバツが悪そうな顔をしつつも、今までそれに気づかなかった自分が不思議でならない風であった。そして、なぜ夫が自分よりも被害者であると感じるようになったかについて、このようにも語っている。

そのなんていうのか、事故があった時のどきどき感っていうか、Eさんもそうみたいで二人には共通のものがあるみたいなのだけど、私にはそれがなくって。だから、毎年四月二五日が近づいたら、旦那さんの方がしんどくなりはるっていうか。だから、被害者って当事者は、まあ、傷を負うっていう意味ではね、被害者だけど、気持ち的には、家族の方が。

（中略）

事故にあって最初の頃、病院で（自分が）ぼうっとしてるでしょ。足、ぜんぜん動かなかったんですよ、私は。先生に「ちょっと動かしてみて」とか言われても、うーん、動かないみたい……。って。それって、えっ!? て、旦那さんは衝撃を受けたみたいなのね。私にしたら、もう全然、（考える）回路が止まってるから、「足ってどうやって動かすんでしたか……」みたいに聞いていてぜんぜんピンときてなかったんだけど。

前述の通り「遺族であったかもしれない自分」という想いが、負傷者の家族の思考や行動に大きな影響を与えている。Dさんの夫であるCさんが感じた「もしかしたら、妻の足が二度と動かないのかもしれない……」という経験。これは負傷者の家族に特有のものであろう。

Dさんが語るように負傷者本人は、事故直後は身体の不自由の度合いが勝るため、事故当時の恐怖感や絶望感はむしろそれほど鮮明には語らない。一方でそれを見続ける家族は、直接的な当事者である負傷者を、外側から見つめ続けている。その中で感じる葛藤や不安は、当事者以上に鮮明な記憶として残るのだろう。加えてCさんの場合は、妻に代わって子どもたちを支え、家事をこなし、病院に足を運びという物理的にも大変な状況の中で、それを乗り越えてきた。その意味で負傷者本人であるDさんが、夫の方が被害者ではないかと語るように、事故の影響は「負傷者＞負傷者の家族」とは言い切れないのだ。

自分のことでないからこそ

Dさんは、自らを省みても自分のことでないからこそ、『しんどいことはある』と語る。彼女が繰りかえし語る後悔、それは自らの心身の痛みや、その痛みを乗り越えるために必要であった時間に関することというよりは、むしろ事故にあってしまったことで、中学生になったばかりの子どもの世話を満足にできなかったことについてだ。もちろんDさんは、当時としては精一杯やったと思う、と事故直後の状況を振り返る。

しかしそう振り返りつつも、もし事故にあっていなかったらという「仮定」の表現を使って後悔を語るのは、自分のことではなく、やはり子どもたちについてのことだ。

当時も頑張ってなかったわけじゃないけど、事故にあわへんかったらもっとちゃんと（子供のめんどう）みれてたと思う。そこはちょっと残念なとこかな、一番ね。だから親であるEさんとかはしんどいやろなって思うことはある……。何がしんどいって子どものことは本当に一番しんどいですよね。（中略）自分のことじゃないから、しんどいって言うのは、ある。自分のことやったらもう、何か……まあ、しゃあないわ、私がいいって言ってるんだから、いいわってね、思えるけどね。だから、だから私はある意味事故に関しては、自分のことだから、そう思えてるから気持ちも楽なのかな。

Dさんが、『自分のことやったらもう、何か……まあ、しゃあないわ、私がいいって言ってるんだから』と語るように、自らの痛みや心身の不調については、自らがどこかで気持ちの決着をつけなければならない、と思い切ることができる部分があるのだろう。一方で、自分の大切な人、特に自分が守るべき対象と思っている存在に対しては、もっとこうしてあげられたのではないかという「仮定」を拭い去ることは難しい。これは、負傷者の家族（親）が、負傷者（子供）に向ける眼差しとも共通する。

空色の会にかかわるメンバーの中で、中心的に活動する負傷者の家族は、負傷者の親である場合が多い。福知山線事故が通勤・通学時間帯に発生したため、負傷者の中に大学生や、就職したばかりの社会人が多く含まれていたことが、その理由の一つである。

しかしもう一つの理由は、本人とは別の意味で家族の方が、割り切れない想いを抱え続けるということの現れでもあろう。「もし、あの時、声をかけていたら、あの電車には乗っていなかったのではないか」「もし、進学に際して、別の大学を進めていれば」という自責の念。「もし、将来痛みが再発したら」

「もし、将来予期せぬ不調が起こったら」という将来への不安。それが本人ではなく、その家族の口から発せられる時、他者を心配する言葉であるからこその強さが加わる。

繰り返すように被害者を語ろうとする時に、事故にあった本人の被害が重く、相対的に家族の方が軽いということはできない。被害者と言う言葉で一括りにできる共通の課題や想い、同じ苦しみや悲しみや痛みは一つもない。負傷者やその家族がつどい、そこでのさまざまな活動や話し合いを通じて状況を共有すればするほど、浮き彫りとなっていくのは、「同じように見えて、全く異なる」ということだ。そしてそれを知っているからこそ、空色の会では、意見は異なる場合であっても、一人一人の言葉に丁寧に耳を傾ける。それは言い換えると、同じ被害者やその家族であっても「わからない」を前提に、その人が何を言いたいのかをわかろうとすることを、大切にしているということでもあろう。

「終わった」事故はないということ

裁判の結果が確定し、示談が終了する。しかし、被害者やその家族の人生がそこで終わるわけではない。その人の人生が変わってしまうぐらいの出来事とその衝撃は、形を変えつつ残っていく。これは犯罪であっても、事故であっても、災害であっても同じである。平穏な毎日が続いていたはずのところに突然、事故や災害が起こり、続いていたはずの日常が断絶されてしまう。心身の状態だけではなくて、その人の生き方、仕事や人間関係、さまざまな価値観、その全部が巻き込まれてしまうという意味で、生活が一変する。その延長上にしか、それぞれの人生の先はない。その意味で事故が「終わる」ということは、被害者にとってはない。

しかしこうは書きつつも、筆者自身も事故が続いていると書くことにためらいを感じないわけではない。被害者を「被害者」に押し込めようとする外部の圧力、それは圧力とも呼べるような強い力ではなく、まわりの微妙な雰囲気というようなものであるが、それを被害者自身が疎ましく感じている瞬間に、立ち会った経験が幾度となくあるからだ。

当たり前のことながら、事故にあった人たちが二四時間「被害者」として生きているわけではない。外形的に日常生活が戻ってきている場合には、なおさらである。そこにある日々は、事故にあわなかった人と、一見変わりはない。

空色の会のメンバーで、いわゆる「飲み会」が開催されることもあるが、そこでの会話は、たわいない宴席の会話だ。むしろ最近では、定例会より飲み会の出席者の方が多いことすらある。宴席の様子を写真に撮ってSNSにあげる人がいれば、それに普通に「楽しそう！」とコメントがつく。メンバーが時々つどい、旅に出かけたり、事故とは直接的には関係がないイベントに誘い合って参加することもある。直接、またSNSを通じて空色の会のメンバー内で共有されるそれらの出来事は、ごくふつうの穏やかな日常である。

でもだからと言って、それは事故にあわなかったと同義ではない。心身の痛みや不自由さ、加害企業への怒り、失ってしまったものへの後悔、そういった事故の記憶が立ち現れる瞬間はいつも隣り合わせで、ふとしたタイミングに言葉として現れる。でもだからといって、二四時間を「被害者」として生きているわけでもない。そこがとても表現しにくく、そして理解されにくい部分であろう。

ある負傷者の方が、「ずっと電車に乗るのが怖かった。でも仕事のこともあるから乗らないわけにもいかず、最初の頃は我慢して福知山線に乗っていた。電車に乗るたびに動悸がしたり、体に力が入ったり、マンション横を通る時には、それこそ目を背けたり、目をつぶって電車に乗る日々が続いていた。そのうちだんだんと、そこまで緊張しなくても電車に乗ることができるようになり、そしてある時、気づいたら尼崎駅に着いていて、マンション横を通り過ぎたことに気づかなかった時に、淋しさと、ほっとした気持ちがまぜこぜになった複雑な気持ちになった」と語ってくれたことがある。この淋しさとホッとした気持ちがまぜこぜというのが、まさに「被害者」である自分と「被害者でない（ことをのぞむ）」自分が同居している状況の表現なのだろうと筆者は感じている。

「被害者になる（負傷者になる）」ということは、自らのぞんだことではない。ある日突然、身に降りかかってくる災難である。「被害者ではない自分」がある日突然「被害者と呼ばれる自分」になる。そして時間をかけて、被害者になってしまったことも、その後、日常生活を送れるまでになったことも分かちがたく混ざり合って行くプロセス、自らの人生を再構築するプロセスこそが、被害者となってしまった人々が本当の意味で「回復」していくということなのだろう。

3 対話を通じた視点の交錯
――自らの経験の客体化にむけて――

自分のための活動から、社会のための活動への兆し

そんな風に始まった空色の会の活動やそこにつどう人たちの心情は、少しずつ変化していった。おそらく筆者がかかわり始めた二〇一〇年頃は、結果として空色の会の活動も大きな転機となっていた時期といえよう。

現在では毎年の恒例行事となったメモリアルウオークの第一回が二〇一〇年四月。この時は手探りで始まったメモリアルウオークも二〇一八年で九回目を迎えた。年を重ねるごとに運営もスムーズになり、また他のNPO団体とも共同で企画を行う、直接的には空色の会では活動していない負傷者との連携により、ミニコンサートや参加者によるコーラスが行われるなど、活動の広がりをみせつつある。

情報漏洩問題に端を発して、福知山線列車脱線事故調査報告書にかかわる検証が活発化したのもこの頃である(注8)。第一回検証委員会が開催されたのが二〇〇九年一一月。空色の会の一部メンバーを含む、被害者も検証メンバーとなる形で行われたこの検証委員会の活動は、二〇〇九年一一月に初会合が開かれている。

二〇一〇年二月には、検証委員会内にＪＲ西日本側の問題点を調査する分科会と、事故調側の問題点を検討する分科会の二つが設置され、その両方に空色の会のメンバーを含む負傷者やその家族が参加している。二〇一〇年八月までは毎月一回、九月以降は分科会メンバーだけでなく他の検証メンバーが自由に参加する形で二週間に一回の割合で、さらに二〇一一年一月からは、両分科会を「合同分科会」として合体させて、合計九回の分科会が開催されている。そのほかにも報道機関の公開を念頭においた会合や、その他の打ち合わせが頻繁に開催されている。

ここで、本書に登場する人物のうち、ＣさんとＥさんは、鉄道のみならずさまざまな事故調査に関する知見にふれることとなる。その経過や議論の内容は、ＣさんとＥさんを通じて空色の会でも紹介され、適宜、メンバーの中で共有されている。検証委員会の最終報告書は、二〇一一年四月に完成し公開されているが、その報告書では、情報漏洩問題の調査結果および情報漏洩が事故調査報告書に与えた影響の評価のみならず、「被害者支援のあり方」や「事故調査における被害者視点の重要性」についても言及されている。

こうした動きを受けて、空色の会の活動も、徐々に社会的な動きまで視野にいれるような形の変化を遂げるようになっていった。

リカバリーサポートセンターの検診活動

事故から五年を過ぎようとしていた当時、ある程度日常生活の回復が見込まれつつあった負傷者やその家族の関心は、将来的に自らの症状や心身の痛みが悪化することはないのかということであった。

そのような不安の中で出てきた活動のひとつが、継続的な検診等により、自らの心身の状況を客観的なデータとして蓄積しておくことであった。福知山線事故以前の公共交通事故において、このような負傷者を対象とした支援の取り組み例はなかった。そうした中で、事件・事故の種類は異なるものの、サリン事件被害者の支援を行っているNPO法人リカバリーサポートセンターが、同様の取り組みをしていることがわかった。

このリカバリーサポートセンターとの出会いも、不思議な縁に導かれているようだとEさんは言う。Eさんは、福知山線事故の取材を通じて、当時TBSの記者でもあった下村健一さん（リカバリーサポートセンター理事）と、負傷者が抱える悩みと今後の支援活動の方向性について話をする機会があり、その中でリカバリーサポートセンターが、サリン事件の被害者を対象とした定期検診を実施していることを知った。当時、Eさんはその活動が負傷者にとって重要な先進事例であると感じつつも、事故後の怒涛の日々の中で、直接コンタクトをとることができずにいたという。

事態が大きく動いたのは、二〇〇九年。情報漏洩問題の直後、Eさんを含む空色の会のメンバーは、前原誠司国土交通大臣（当時）のもとに要望書を手渡すために東京に足を運び、その様子は報道でも大きく取り上げられた。その報道を偶然にも目にした下村さんが、Ｅさんにコンタクトを取ってきたのである。電話を受けたＥさんは、情報漏洩問題に関する取材の電話だと思ったという。そのＥさんに下村さんは「明日も東京にいるならば、ちょうど、リカバリーサポートセンターが主催するサリン被害者の検診（注9）があるので、見学してみませんか」と声をかけたのである。翌日、下村さん自らの案内で埼玉県越谷市の会場に足を運んだＥさんは、その様子を一目見て「なるほど」と思ったという。

個人情報保護（注10）の観点から、参加者（サリン事件の被害者）は名前では呼ばれず、番号で呼ばれる。そこはよくある集団検診の場のようであるが、スタッフのさまざまな配慮により、医療機関にいるような堅苦しさはない。受付の後、丁寧に時間をかけた問診が行われ、その後は、心電図検査、尿検査、カウセリングに加えて、眼科を専門とする医師による総合問診が行われる。リラックスしてアロマ精油のハンドマッサージを受けるスペースや、検診の最後に被害者同士がお茶を飲みながら談笑するスペースも用意されていた。

健康相談会という取り組み

リカバリーサポートセンターの検診活動を、直接見学したことの意味は大きかった。それまで、心身の不調や将来への健康不安を少しでも緩和するための方策として、

①　負傷者の事故後の体調の状況を、医療職にある専門家が定期的に聞く機会を設けること

②　それらの記録が継続的に保管・蓄積されること
③　それに加えて、痛みやストレス緩和に有効な「補完代替医療（注11）」を体験したり、その知見を共有できるような場をつくること

の必要性は、幾度となく空色の会の会合でも議論されてきた。また実際に、公式の説明会のみならず、非公開の話し合いの場を通じても、それらの要望はＪＲ西日本にむけて強く発信されていた。

しかし、具体的にリカバリーサポートセンターの検診活動を見学したことで、自分たちでできることがあるのではないか。むしろ加害企業よりも、当事者である自分たちが主催する方が、負傷者に必要な検診活動の形を作り出すことができるのではないかという意見が、定例会やメーリングリストでの議論を通じて、出されるようになっていった。

空色の会のメンバーが、「健康相談会（注12）」の実施希望を声にしはじめた当初、ＪＲ西日本はその要望を受け止めつつも、慎重な姿勢であった。その必要性やニーズは、理解されていないわけではなかった。むしろその必要性やニーズは、ＪＲ西日本の側にも十分に理解されていたと筆者は感じている。しかし前例のない取り組みの必要性や効果を社内で共有し、具体的な行動にうつすことになかなか思い切れなかった。それが、健康相談会の実現に時間を要した大きな理由のひとつであったのではないだろうか。そしてその間に、負傷者自らが具体的な形を作り、その必要性や効果を可視化してみようという方向に話は進んだのだ。

二〇一〇年から二〇一二年にかけての空色の会では、この健康相談会の実施を軸のひとつにおいたさ

まざまな活動が展開されている。

実施に先立って、健康相談会の進め方をより具体的に検討するために、複数のメンバーが再度東京まで足を運び、検診活動の見学を行った。下村さんや検診活動の事務局を担う山城洋子さん（リカバリーサポートセンター相談員）を招いての勉強会も実施された。またそれと並行して、補完代替医療について理解を深めるための勉強会を企画したり、大阪大学の補完代替医療に関する講座と共同で、森林療法(注13)の体験企画を実施するなど、メンバーそれぞれが主体的にかかわる活動が展開されていった。

二〇一三年と二〇一四年の冬には、空色の会が主催となり、健康相談会を実施した。基本形は、リカバリーサポートセンターの検診をベースとしつつも物理的な限界から、問診は医師ではなく、事故直後から負傷者の支援にかかわってきている臨床心理士によって行われた。加えて、福知山線事故被害者のかかえる心身の不安により即した形で、リカバリーサポートセンターの検診にはなかった鍼灸の体験が、プログラムとして加えられた。

空色の会のメンバーが、文字通り手弁当で行った健康相談会だったが、さまざまな限界から、継続的実施にまでは至らなかった。これは、リカバリーサポートセンターの検診活動が支援者主体であることに対し、空色の会では、当事者自らが実施主体になろうとしたこととの限界とも言える。しかしJR西日本の担当社員にもその実施風景を見学してもらったことで、定期的に医療者に相談できる「健康相談会」体制が、JR西日本主催で作られることにつながり、現在も継続的に実施されている。

事故被害者同士の出会いと対話

また、他の公共交通事故の遺族などとの交流が活発になったのもこの頃である。八・一二連絡会（注14）の美谷島邦子さん（日航機墜落事故遺族）、紡ぎの会の加山圭子さん（東武伊勢崎線竹ノ塚駅踏切死傷事故遺族）との定期的な交流が生まれたのもこの頃だ。

二〇一〇年には、JR東日本事故の歴史展示館（栃木県白河市）や、日本航空安全啓発センター（東京都港区）、ANAグループ安全教育センター（東京都港区）への見学会（注15）を催したが、美谷島さんと加山さんにもお声がけし、一緒に施設に足を運んだ。

日本航空安全啓発センターの見学の後は、そこからほど近い美谷島さんの自宅を訪れ、加山さんも含めて、お茶を飲みながらの歓談も行った。美谷島さんの自宅に伺って、空色の会のメンバーに影響を与えたことの一つは、美谷島さんのご子息「けんちゃん」のお参りをさせていただいたことではないか、と筆者は考えている。小さなお仏壇の中に飾られたけんちゃんの遺影は、私たちが最近よく目にするデジタル写真ではなく、懐かしさを感じる風合いの可愛らしい笑顔であった。その遺影を見た瞬間、改めて二五年という月日の長さを感じずにはいられなかった。

その当時空色の会では、いつまでこの活動を継続するのかという議論は、明示的には行われていなかった。一方で時間が経過するにつれ、「風化」の二文字を感じる機会も増え、この先がどうなっていくのかはわからない、という漠然とした不安もそれぞれが感じていたように思う。そこに自分たちよりずっと先、二五年が過ぎた時の被害者の活動が、具体をともなって差し出されたような時間であった。美谷島さんは、空色の会のメンバーに対して、どのように八・一二連絡会が続いてきたのかを話してくれた。

被害者はまずは生活を立て直していかなければならない。その中で、やはり時間の経過とともに、つどうメンバーが少なくなったり、いままで頻繁に連絡をとりあっていた被害者同士の関係の密度が薄くなったりということは、幾度となくあったそうだ。美谷島さん自身、それを淋しいと感じなかったといえば嘘になるという。生活の中で、いろんなものが変わっていくのは当然のことだからと、そういう気持ちを表にだすことはできなかったと言う。

ただ長い時間が過ぎていく中で、仕事の状況が変わり、また時々つどう場に顔を出してくれる人がいたり、結婚して子どもが生まれて、今度は伴侶や子供と一緒に参加してくれる人がいたり、また伴侶をなくした父親や母親に代わり子供だけの参加があったり、事故の時にはこの世に生を受けていなかった孫が足を運んでくれたり。長い長い時間が過ぎていく中で、「終わる」ということはなく、少しずつ形は変わるけれど、かかわった人々がバトンリレーするように、想いをつないで続いていくものだと、自然とそういう風に続くものだと思えるようになった。やってきてよかった。そう空色の会のメンバーに話してくださった。

具体的に先の展望が描きにくい状況の中で、二五年という月日が流れた今でも被害者同士がつどう場をつくり、社会の安全を願う活動を続けているという「先輩」に出会えたのである。そのことは、空色の会のメンバーにある種の安心感を与えた。

「羨ましい」とつぶやかれた言葉

そして、美谷島さんの自宅では、もう一つの転機となる言葉が交わされた。

美谷島さんは、検察審査会の審査を経てJR西日本の歴代三社長が業務上過失致死罪で強制起訴されたことを受け、『あの山崎社長の件ね、羨ましくて羨ましくてしょうがないのよ。』と語っていた。それはある意味で、声にすることが憚られる言葉でもある。事実、美谷島さん自身も『羨ましい、という言い方はなにか違う気がして』と前置きしていた。しかしその場で空色の会のメンバーも、ああそうかといった表情で頷いていた。

一九八五年に発生したJAL123便の事故の被害者もまた、法廷で責任者の罪を問うことを強く望んでいた。しかしそこにはだかる司法の壁も、また社会の「常識」とされるものも現在とは大きく異なっていた。それが長い年月を経て福知山線事故では、最終的な結論は無罪であったが(注16)、歴代三社長の責任を公の場で問うための強制起訴までは、たどり着くことができた。その背景には、JAL123便の事故のみならず、信楽高原鐵道事故や明石花火大会歩道橋事故(注17)、そのほかのさまざまな事故・事件の被害者による社会に向けた発信があった。

またJR西日本は事故後継続的に、少なくとも年一回の被害者への全体説明会を開催しているが、この説明の場ですら美谷島さんらJAL123便事故の被害者は、望んでも手に入れることができなかった。前橋地検まで説明を求めて足を運んでも、嫌そうな態度を隠しもせず、本当だったら自分たちが説明する義務はないのだけどといわんばかりの職員から、『施しのように』情報をもらわなければならなかった時の悔しさ。しかもそうして手にいれた情報ですら、十分なものとは言えない状況。

福知山線事故をめぐるＪＲ西日本の対応も、被害者の側から見れば、まだまだ変えるべきところはある。しかしその時代から比較すれば、定期的に説明会が開催され、意見を交わす場が作られていることは画期的と言えなくもない。この数年単位でみたら状況は変わっていないように見えていても、長い目でみたらやはり変わっていく。このことが「先輩」の口から語られた意義は大きかった。

スイミー作戦

この美谷島さんや加山さんとの交流が始まった頃、空色の会の中で、キャッチフレーズとして使われていた言葉に『スイミー作戦』がある。

レオ・レオニの絵本「スイミー」は、小さな赤い魚の仲間たちの中で、ひとりだけ真っ黒な体を持つスイミーが、大きなマグロに襲われそうになった際に、小さな赤い魚たちと固まって泳ぐことで、大きな魚のふりをして（黒い体のスイミーは、「目」になる）、マグロを撃退するというストーリーである。このストーリーを自分たちになぞらえ、小さな小さな存在である「被害者」は、一人一人ではなかなかその声を社会に発信することはできない。しかし被害者がつどえば、その声は可視化されて報道などを通じて社会に発信できる。またそれを通じて、ＪＲ西日本のように大きな組織へも影響を与えることができるという意味で使われていた。

そして「大きな魚」を形づくる小さな魚は、必ずしも被害者だけではない。行政関係者、報道関係者や医療関係者、そのほかにも事故を通じて知り合ったさまざまな支援者も含めて、各々が興味や関心があることを軸として、主体的に活動が展開されていくことが望ましいのではないか、そういう共通認識が広がりつつあった。

それが、美谷島さんや加山さんと出会ったことで、福知山線事故という一つの事故に閉じることなく、さらに被害者が手をとりあって、粘り強く発信していけば、何かをかえられるのではないかという意味で、より広い概念をもつ言葉として展開していった。

美谷島さん宅への訪問を機会に、より密な被害者同士の交流がスタートした。空色の会のメンバーが、追悼慰霊式の日付にあわせて、御巣鷹の尾根に登りお参りをしたり、逆に美谷島さんや加山さんが、四月二五日に尼崎まで足を運び一緒に采配りを行うような交流も続いている。その中で少しずつ、メンバーの認識にも変化がみられるようになっていった。

最初はそんなつもりではなかったのに……

Eさん以外の空色の会のメンバーそれぞれは、前述の通り自らの示談に悩みを抱えて、会の活動に参加し始めたという。そんなメンバーの雰囲気が徐々に変化して行った過程を、Aさんは次のように語っている。

示談はどうしたらいいのかも何もわからないし、どうしよう……と思っていたときで。ここでいろいろ情報が、入ればありがたいなと思って行きだしているうちに……、まあこういうふうになっちゃったという（笑）。皆さんね、本当に自分のこと（が心配）で来ていたんですけど、今はやっぱり……違いますよ。全然違います。何か変わってきましたよ。

（中略）

自分のことだけではいけないんだという想いに変わってきたんじゃないですかね。私も、もともとね、人のためにとか、ボランティア精神とか、まったくない人間だったんですよ（笑）。ただただ自分の生活で、もういっぱいで。

（中略）

でも本当に、なんて言うのかな、自分だけではなく被害者のためにというふうに変わってきて。今度はそれではもうもっと大きな、うねりみたいなものになっている。何かもっとそういうもの（被害者支援に関する組織や枠組み）が作れたら。夢ですけど、いいなと。

同様のことは、Ｂさんも語っている。示談に関する情報がほしくて会合に顔を出したというのが正直なところで、こんなに長い間この会で活動しているとは自分でも思ってはいなかった。しかしそれぞれの想いや考えを共有し、時には広く世の中に向けて発信する中で、自らの認識も少しずつ変わってきたのだという。

ここまでできるとは思っていなかったんです、正直なところ。一回出て、まあ二～三回出たら自分なりに納得するのかな、というようなことは思っていたのは確かです。

（中略）

そう、だから、正直周りの方に引っ張られたと。で、引っ張られながらやっているうちに継続できるようになったと。で、継続していくうちに、まあ自分の顔が新聞に出ようが、何しようが全然気にしないようになってきたと。誰かが声を出さんといけないことだなというのは、わかっていたんですけれども。まさか自分が声を出す立場になっていくとは思っていなかったんですけどね。

Aさん、Bさんともにそういう風に自らも含めて会の方向性が変わっていったこと、そのこと自体を不思議がりながら、むしろそれを心地よく感じていることがインタビューを通じても伝わってくる。一方でけん引役となってきたEさん自身は、このようにみなさんは言っていますよと、筆者に水を向けられて『みんな本当にそう言っているのかな？』と確認してきた。

Eさんは、自らも被害者でありつつ、多くの負傷者やその家族の声に向き合ってきた中で、こだわり続けてきたことがあるという。それは、負傷者やその家族のサポート活動の中で、ともすれば個別の問題とされがちなことも、ＮＰＯ的な考え方や参画・協働の意識があれば、その問題や課題を広く一般化し、社会で共有することができるのではないか。それに加えて、課題を社会化することで、新しい社会的価値の提案もできるのではないか、そういう期待でもあった。筆者に対するEさんの確認は、自らがこだわり続けてきた、個別の問題を普遍的な社会としての問題へという視点の変化が、空色の会の活動を通じて、各メンバーのなかに起こっていたのかを問いかけるものであった。

最初の一歩

時間がすぎること。そして日常生活を取り戻すこと。それはなによりも、被害者にとっての次の一歩として重要だ。Cさんは、空色の会という場があったことを次のように表現している。

ああいうの（情報漏洩問題）があって、いろんな人とつながることもなかったら、たぶん空色の会も今みたいにはなってなかったんじゃないかなと……。サリン事件の支援者の方とか、美谷島さんとかから、いろいろなことを教えていただいたというのも、あると思います。それは大きいですね。それがなければ、個々の被害者では絶対に、ここまではたどり着かないというか。

（中略）

信楽の事故の時は、負傷者の人の話なんて今では全然話を聞かなくて。あの時代には、負傷者のために何かをしようという人がいなかったというのもあるのかもしれません。自分たちは、Eさんが、まず負傷者に対しての取り組みというのをやっていたのが、大きいのかなと思いますね。最初に場所をつくって、それを提供した人がおるというのは大きいと思いますね。

突然、事故や災害に遭遇した時に、まずは身近なところで駆け込める窓口の存在は重要だ。そしてそれは、具体的に困りごとを解決することを目的とした窓口という意味と、今自分が困っている状況を言葉にするのも難しいという状況にある人が、まずは安心して話ができる先という意味を持つ。最初の段階として重要なのは、むしろ後者の方だろう。

最初に必要なのは、事故によって引き起こされたさまざまな苦痛、将来への不安、渦巻く想いを、まずは聴いてくれる人である。それは「聴いてもらえる場」と言い換えることもできる。加害企業や社会に何かを訴えるという具体の目的を持った議論の場ではなく、まずは被害にあった人が、安心して自分のことを語れる、聴いてもらえる場づくりが何よりも必要なのである。

そしてそれは、事故の直後に必要なものであると同時に、一過性のものではなく、継続的につどう場があり、そのサポートが続いてこそ意味がある。最終的に被害にあった人が、さまざまな意味で自らの心身を、人生を回復していくのは、その人自身の仕事である。だれも代われないし、だれも引き受けることはできない。しかしそのプロセスにおいて、自らの体験を語ると言うこと、自らの経験を受け止めてもらうということ、また他の被害者――これは同じ被害によらない――の経験を聴くということ、このプロセスには意味がある。
それは、ある時はモノローグ（一人語り）というかたちをとることも少なくないが、広い意味ではダイアローグ（対話）の形式をとっている。それは相手と自分の対話であると同時に、さまざまな声を聴きながら、みずからの経験を受け止め、評価し、別の形で受け止めるための時間、つまり自分の内面での対話ともいえるだろう。そういうセルフヘルプ的な動きを支える場が、空色の会と並走して続くつどいであり、空色の会なのだと筆者は考える。

つどう場の意味

つどいの場をつくり、そして今でも大切に守り続けているEさんは、つどい、語ることの意味について次のように語っている。

最初から直感的に、あの、苦しみの中から自分なりの折り合い点を見つけるのは、どんな人でもひとりではできないって思ってた。たとえできたとしても、ひとりでは孤独で苦しく困難な道になるだろうと…。最終的には自分の作業……なんだけれど、同じ立場の人がいる方が、情報が入手しやすかったり、そのプロセスを歩んでいくときに、孤立化しないだろうと……。

（中略）

つどいは「場」。ただの（ハコモノとしての）場だけだったら意味がなくて。誰かがそこにいるから、その場の意味がある。そこは、いつきてもひとりぼっちじゃないんだよっていう、そういう場にしておく必要があって、そのために私はいるんだと思う。場がなくなったら、もし、しんどいなあってなったとき、（行き先がなくなって）うろうろしちゃうだろうと……。

そして、この話の流れで、『それは、来てほしいという意味ではなくて、Eさんとしては来てくれなくてもいいんですよね』と投げかけた筆者の言葉に、Eさんは、大きく『そうそうそうそう』と何度も頷きながら、次のようにも語ってくれた。

そうそうそうそう。あそこ（つどいの場）には行かなくてもいいっていう人が増えた方がいいの。ある人がね、示談もしちゃった。で、だからこういう負傷者のつどう場には行こうと思えなくなったってなったら、それはそれでいいの。
一方でそういう場があることを知っている、あるいは覚えておくことが、ある意味で「心のお守り」みたいであってもいいと思う…。何かあれば戻れるところという感じ。

筆者は何度となく、Eさんからこの想いについて話を聞いている。その中でEさんの語りは、つどいの場を必要としない人が増えた方がよいという意思と、それを少し寂しく感じる気持ちの間で揺れ動いている。事故から一〇年余が過ぎ、参加者の人数は事故直後からの数年間と比べれば、少なくなった。月に一度のつどいの日が来るたびに、今日は誰もつどいにこないかもしれないという不安が、Eさんの脳裏をかすめることもまた事実だろう。それは、一つの大きな役目を終えた安堵感であると同時に、自分が手をかけられることが一つ減る寂しさである。そしてそれは心配したり、苦労をしたり、時には大きな喜びをもたらしてくれた子育てが、一段落するときの感覚に似ているのではないだろうか。

一方でEさんは、自分の二〇年先を歩み続けている美谷島さんの存在に、この点においても励まされているという。前述の通り、事故から五年目、一〇年目と時が過ぎるにつれ、集まっていた人たちの足が少し遠のいたり、マスコミを通じて報じられることも少なくなった時もあると美谷島さんは語る。

時間の経過の中で被害者やその家族にも、就学や就職や結婚、出産、リタイアという、「生きていく人生」の中のふつうの変化がある。その変化の中で、それぞれが、自分の人生の中に事故にあったということ、事故で大切な人を失ったと言うことの意味を位置づけなおしながら、またつどう。つどう回数や機会は変化するが、それでも変わらない想いがあることに安堵すると美谷島さんは語る。その言葉に、Eさんは改めてつどう場の大切さを想い、そして暖かい先達がいることに救われるのだという。そして、今後、同様の事故は決して起こってほしくないという想いとともに、万が一同様の事故や被害が起こった時に、自分たちの活動も、先行事例の一つとして役に立てればとも思うのだろう。

活動が成立した背景

ここに記述してきたような内容は、ＪＲ福知山線の事故だったからこそ成立した側面もある。

まず第一に、もちろん不十分であったとの指摘もあるが、直後の段階において、すべての被害家族にＪＲ西日本の社員が担当者としてつくなど、他事故・事件と比較すれば、手厚い物理的な支援が受けられる状況にあったということ。

第二には、航空機事故などのケースとは異なり、通勤・通学電車での事故であったことで、被害者の居住エリアが比較的限定されていたこと。そのため、事故後に被害者が集まりたいと思った時に、それが物理的に容易な範囲におさまっていたこと。

第三には、阪急川西能勢口駅前という利便性が高く、ＪＲ福知山線との乗り換えが可能な位置に、Ｅさんが深くかかわるＮＰＯ法人の活動拠点があり、そこを活用できる体制が整っていたこと。

第四には、阪神・淡路大震災とその後に起こった神戸連続児童殺傷事件などを通じて、心理的・法的に被害者を支援するための専門家のネットワークが構築されており、その窓口が見えやすい形にあったこと。また、信楽高原鐵道事故や、明石花火大会歩道橋事故の不幸な経験を通じて、それらの専門家と被害当事者とのネットワークが存在していたことなどをあげることができよう。

全てが十分であったとは言えない。しかしこれだけの動きが生まれる素地があったからこそ空色の会の活動が継続してきたとも言えるのだ。

しかしこれを、地域のネットワークがあったから、加害企業が支援をする余力があったから成立する動きにしてはならない。企業が鉄道や航空のようないわゆる大企業でない場合、その企業の財政的にもマンパワー的にも対応しきれないケースもある。そう考えれば事故の被害者支援は、企業だけにまかせておいてはカバーできないケースもでてくる。つまり、社会的なシステムとして考えていく必要があるのだ。

自分たちのことだけでなく

同様の声は、空色の会のメンバーの中からも繰り返し発せられる。Cさんは、自らも状況が違えばもっと違う行動を取っていたのではないかと留保しつつ、もっと大きな社会的な問題として、捉えることが必要だと語る。

自分が例えば……、妻が亡くなっていたりとか、生活をしていくのが精いっぱいになっていたら、またちょっと考えは違うというのはあると思いますね。だからといって、もう自分のところは終わったからもういい、何も考えんでええというのも何か、それはちょっと引け目を感じるというか。違うというか。

（中略）

個人的な悩み、苦しみというのはあるんですけど、それの向こう側に、社会的な問題というかね、もっと大きな問題があるんじゃないかな……と。

そもそも、つどう場に足を運ぶことができる負傷者は、ある程度心身の回復が見込めていたり、家族や知人のサポートに支えられて日常生活を取り戻しているケースが少なくない。一方で、本当にサポートが必要な状況にある人は、そもそもそのような場に足を運ぶことすらできない。まして、自らが遭遇した事故を、大きな社会の問題として捉え直すという境地に至るのは、容易なことではない。

逆の言い方をすると、本書で紹介する空色の会のメンバーは、今に至るまでの戸惑いや苦労を一旦脇におけば、やはり相対的には『恵まれている』負傷者やその家族であると、表現することすらできるのだろう。そして、そのことに自覚的であるからこそ、自分たちのことだけではなく、声をあげられない人のために、大変な状況から未だに脱することができない人のために、という想いが生まれてくるのだろう。

出てくることができる被害者、話せる被害者って、今、何とか元気だから出てこれるのであって……。尋常じゃないケガのままの人もいる。私は被害者本人でもないし、ご遺族でもないけれども、やはり声なき声はまだまだありますって。それを聞かないで支援の枠組みを決めるのは違うっていうことは伝えたい。

（中略）

最近は、個人主義とか成果主義が当たり前のようになっているんだろうなと思う。うまくいった人は自分の努力の結果で、だめだった人は努力していないというような。でも努力してもうまくいかないものもある。そういうときに、そういうときに、やっぱり回り回って恵まれている、という感覚がね、ないとね。

Eさんがこのように考える背景には、Eさん自身の事故以前までの生き方、そして受けてきた教育、経験の影響が少なくない。

自身の生家では、毎月お坊さんがお参りに来られたり、実父が信心深い人であったがゆえに、お寺とのおつきあいも幼少のEさんにとっては身近な存在であった。そのような幼少期の経験の中で、『人は、いろんな縁に生かされている。人生に起こる全てのことには意味がある』というような感覚が、自然に身についていたと、自らの人生を振り返るようにEさんはいう。一方でEさんは、自らの挫折とも呼べる経験も、今の活動につながっていると語る。

Eさんの福知山線事故の前の大きな転機は、三七歳の時。緊急入院して、ひざの骨をくりぬき人工骨を入れるような大手術をし、その後、自分の存在も存在意義も見出せず、心身ともにどん底の日々を過ごしたのだという。泣いて伴侶に語っても、うまく理解されないもどかしい経験。自分でなんとか自分を立て直さなければという焦り。ふつうの生活に戻るだけではなくて、何か社会の役に立ちたいという気持ちと、できないことへの苛立ち。そんな不安定な状況の中でも、子供たちのことは手を抜きたくない、母親としてやれることは全て完璧にやりたいというプレッシャー。

そんな中から、自らを立て直すことができたのは、男女共同参画のフォーラムを企画する実行委員会に応募したことがきっかけだという。その委員会ではさまざまな人、同じような悩みをもつ女性との出会いや語らいの時間があった。誰かにむけて自分が抱えている悩みを語ると、それに言葉が返ってくる。時には、共感してもらったり、時には同じような経験をしていても違う考え方をする人に出会ったり。自分のことを聴いてもらっているつもりが、いつのまにか自分も相手の悩みを聴いている。

そのような対話を通じて、聴いてくれる人がいることで初めて自分の考えていることがわかるという実感を得たことで、『自分をどんどん開放できて、自分の生き方はこうだと思うことができる』ようになった経験。そういう経験があったからこそ、福知山線事故に家族が遭遇した時に、『直感的に』同じようなプロセスをたどるのではないかと考えた、と当時を振り返ってEさんは言う。

「被害者根性」という言葉

事故にあった時に、自らの事故を客体化し、社会の問題として捉えることができる人は特別な人たちなのか。それとも、事故にあうという経験が、被害者を変えていくのか。

結論から言えば、その両方なのであろう。多くの被害者が語るように、全ての被害にあった人が同じように自らの事故を捉え直すわけではない。被害の程度によらず、自らに起こった不運として捉え続けながら「その後」を生きる人もいるだろう。また、加害企業に対する過剰ともいえる要求を見聞きする機会もあると語る被害者もいる。またそのような形で『被害者根性』をむき出しにすることに、抵抗感を感じるという被害者もいる。彼ら彼女らが被害者根性と表現するものは、自らの負の感情に耐えかねて、理不尽に加害者を糾弾するようなイメージを指しているのだろう。

実際、ＪＲ西日本が毎年開催している被害者向けの説明会では、近年でこそ少なくなったものの、質疑の際に激昂してＪＲ西日本側に過剰な要求を突きつける参加者もいたと、複数の負傷者が語っている。ある負傷者は、『このような被害者側の振る舞いが、ＪＲ西日本側の被害者への接し方にも大きく影響し、多くの「普通の」被害者が損をしている。加害者であれ、相手にきちんとした対応を求めるのであれば、被害者の側もきちんとした態度で臨むのが当然だと思います。』とも語っている。

加害企業には加害企業の果たすべき責任がある。また負傷者やその家族は、ＪＲ西日本の対応の全てに納得しているわけではない。しかし、だからといって「すべての」被害者の要求に、企業の側がそのまま従わなければならないわけでもない。被害者にとって簡単なことでは決してないが、「よりよい解決に向けて、相手と一緒に考えていこうとする姿勢」を持ち続けようとすることは、真の意味の被害者支援を得るためにも必要なことである。そして空色の会は、負傷者同士のみならず、負傷者と加害企業をつなぎ、よりよい解決策を模索するという意味でも機能してきたのだ。

またＢさんは、別の文脈で被害者根性のようなものに対して違和感を感じていた自分と、空色の会に残っていることの理由について、次のように語っている。これは空色の会に参加する前に、Ｂさんが「被害者がつどい、なにかをする」ということに対して抱いていたイメージの表出であり、またＢさんが「つながる」こと自体が目的であることを、肯定的に受け止めていることの現れとも言えよう。

自分は、何ていうんですかね……。スタイルがその、戦っていくというか、そういう直接的に、組織と交渉！　みたいなのになるというんだったら、あまりそんなに興味がなかったのかもしれません。空色の会は、もうちょっとこう何か緩いつながりという感じで。（中略）八・一二連絡会の話を聞いても、示談の話とかは、賠償交渉はまた別で、つながりましょうという感じですよね。だから、まあずっとここまで来たんかなという気はしますね。

触発されて目覚める

「被害者根性」と言う言葉とは対照的にも映る被害者像は、どのようにして生まれてくるのだろうか。それはやはり、事故を通じて得た新しい出会いと、そこで交わされた言葉による影響を大きく受けている。Cさんは自らの心情の変化を、次のように語っている。

自分もそうだったけど、時間をかけてだんだん気がつくんだと思うんですね。もっと大きな動きも必要だって。同じ事故にあっても気がつかない人もおるかもしれんけど、それに、だんだん気がついていく。みんな初めはそんな感じじゃなかったと思うんですよ……。

（中略）

なんででしょうね。いろいろ集っていくとやっぱり、こう想いがどんどん、どんどん、どんどん膨らんでくるというか、そういうのもあるんじゃないかなという気はするんです。もともともっていた気持ちかどうか知らないですけど。こういうたまたま立場になって、そういう人と出会って、話して、そういうのに触発されて目覚めてくるのもあるのかなと思いますよ。それはやっぱり、人間が共通に持っているものがあってね、それが何かのきっかけで芽生えてくるというのはあるんじゃないかなと思うんです。芽生えない人もいると思いますけど。

（中略）

一人じゃ絶対にね……。個で抱える人というのは非常につらいのかなという気はしますね。ある程度、あつまって、一緒に話してというのは必要だと思うんですよね。

Cさんが『触発されて目覚める』と表現したように、事故にあわなければ出会わなかったような人、職業も経験も価値観も全く異なるにもかかわらず、事故にあうという経験を境にして、長年の友人とも共有できない感覚を共有してしまった仲間。そういう仲間の発言や行動に影響を受けて、事故をとりまく問題を社会の問題として考える方向に変化していったのが、空色の会のメンバーの多くに、共通の変化である。そしれそのような変化、自らに降りかかった事故を捉え直し、より広い視野から事故原因や再発防止策、被害者支援のあり方を考えるようになるためには、つどう場と、そこで繰り広げられる対話が何よりも重要なのだ。

またCさんは、事故にあった経験や仲間との対話を通じて、自分がまったく違う考えの人間に生まれ変わったというよりは、もともと持っていた考えか価値観が、『どんどんどんどん膨らんで』いったり、『芽生え』るという形で、育っていくものではないかと指摘する。

繰り返すように、被害者がつどい、その想いを共有する場が形作られていくことは、被害者が事故後の生活を立て直すための直接的支援や情報を得ることができるという意味で、有益である。しかしそれに加えて明示的には語られないものの、被害者が自らに起こった事故の意味を捉え直し、そして事故のあとの人生をどのように歩いていくのかを決める手助けをするという意味でも、重要な機能を果たしているのだ。

ぼちぼち続ける

一方で、空色の会の活動にかかわり続けている、社会に発信する力を持っている負傷者やその家族が、常に社会を変えるという強い意思をもって活動し続けているのかというと、それもまた、一面だけを切り取った見方である。

もちろん、空色の会のメンバー中にも消えない「怒り」や「憤り」の感情はある。だからこそ、二度と事故を起こしてほしくないという想いが消えることはないだろうし、そのための活動や発信のパワーが衰えることもないだろう。一方でそう感じる自分と、極端なことを言えば事故のことを「考えていない」自分はもちろん両立している。正直にいえば『疲れた』『しんどい』『もう（やめても）いいかな』

と思う瞬間はあることを、大なり小なり空色の会のメンバーも言葉にしている。

例えばDさんは、自らや自らの夫のかかわり方を次のように語っている。

もう（空色の）会に行かんとことか、もう、やめてしまいたいわ、とかいうのは、今のとこないんですけど……、でも疲れたなあ、というのは夫婦でしょっちゅう言ってますけどね（笑）。二人で、疲れたよな、もう休む？　もう休もうかっ、みたいな。

（中略）

でも、私が、もういいやん、とか、もう休もうかと言うことが、息抜きじゃないけど、よく私もわかられへんけど、旦那さんはほっとしはるみたい（笑）。（私がそんな風な感じでいてくれて）助かるっていつも言うてはる。

また、メンバーの中での意見の食い違いがないわけでもない。時には、諍いとも呼べるような言葉のやりとりになることもある。定例会での対話の雰囲気が固くなり、気兼ねなくどんな気持ちでも言えるとは呼べない状況に陥ったこともある。

それでも、誰かが困れば手を差し伸べ、そして毎年四月の行事にむけては、それぞれができることをするという形で活動が継続されている。それは、事故の直後の孤独な状況から、少しずつつながりができてきた時の大きな安堵感、情報漏洩問題が発覚した時の強い怒り、自らの発信がJR西日本という大企業を、そして社会をわずかずつながらでも変化させてきたという手応え、それらの全てを含めて、事故と自分の人生は切り話すことはできず、また事故が自分の人生の中に深く位置付けられている人同士の、結びつきの強さゆえであろう。

Bさんは、空色の会には『終わりはない』と語っている。もし自分にとっての終わりがあるとするならばそれは、物理的につどう場にいけなくなった時だとBさんは語る。しかし筆者は、物理的に足を運ぶことができなくなっても、それぞれのメンバーにとっては終わりではないのだろうと思う。そして、空色の会を軸とした負傷者やその家族の活動は、単なる活動ではなく、自らが遭遇した事故という経験を、自分の人生の時間の中に意味付けていく時間、それぞれの「生き方」とも呼べるものなのだろう。

注

注1：国土交通省に二〇一二年四月に設置された公共交通事故被害者支援室は、このようなケースにおいて、公的機関が初動段階から被害者を支援することを目的として設置された。二〇一六年に長野県軽井沢町で発生したスキーツアーバス事故の際には、初動から被害者への相談窓口などが設置されるなどの対応も行われている。しかしながら、現状においては、人的・財政的制約等から、その対応力には限界があるのが実情であると言えよう。

注2：第一回目の「語りあい、分かちあいのつどい」は「今、心配なこと、困っていること、一度話してみませんか？」という副題とともに広報された。

注3：示談交渉をめぐるやり取りは、非常に個別性が高いものであり、筆者はその全体像を把握できているわけではない。本書で記述する示談交渉にかかる記述は、インタビューに応じてくださった方々の語りをもとにしているものである。

注4：負傷者の場合、治療を継続した後、医学的には大幅な改善や治癒が見込めない状況に達したと判断された場合、それを「症状固定」とみなし、残った症状については「後遺障害」として等級を認定した上で損害賠償の対象とし、遺失利益や後遺障害に関する慰謝料、介護料

など賠償額が算定され、示談に至るという流れが一般的である。この症状固定の診断書は医師により作成されるが、痛みや痺れなど、回復の程度の判断が難しいケースもあり、いつの段階で症状固定したとみなすかは、負傷者やその家族の大きな関心事のひとつである。

注5：最初に決まった会の名称は「負傷者と家族の会」であった。その後、負傷者同士がつながることや、公共交通の安全に向けたさまざまな活動をしていくためには、むしろ負傷者とその家族のみならず、支援者の方も一緒につながる場にしていくことが重要ではないかとの提案がなされ、名称に「等」の一文字が付け加えられた経緯がある。

注6：情報漏洩問題に関連して運輸安全委員会は、第三者による徹底的な検証作業が必要であるとの認識から、有識者および福知山線事故の被害者（遺族、負傷者およびその家族）からなる検証メンバー・チームを設置した。本書に登場するCさんとEさんはこの検証メンバーにも名を連ねている。

注7：負傷者の被害の程度も当然のことながらさまざまである。事故の前を同じような日常生活が不可能な人もいれば、直後から心身の傷という意味ではほとんど被害を受けることなく、日常生活に戻った人もいる。一方で、一見普通の生活に戻ったように見える負傷者の中にも、足腰の痛み、可動域の制限など、これ以上回復しないとされた身体の苦痛とつきあい続けている人も存在する。

注8：検証委員会に関する記述は、ＪＲ西日本福知山線事故調査にかかわる不祥事問題の検証と事故調査システムの改革に関する提言（http://www.mlit.go.jp/jtsb/fukuchiyama/kensyou/fu04-finalreport.html：二〇一九年二月二〇日現在）による。

注9：毎年秋に開催される「サリン事件等被害者無料定期検診」を指す。

注10：サリン事件の特殊性から、二次災害が及ぶことを恐れて、自らがサリン事件の被害者であることを公にしない被害者は少なくない。そのような状況にも配慮し、個人情報が外部に流出することがないように、きめ細かな配慮がなされている。

注11：補完代替医療とは、「現代西洋医学領域において、科学的未検証および臨床未応用の医学・医療体系の総称」と定義されている（日本補完代替医療学会ウェブサイトより）。福知山線事故の負傷者のニーズとして示されていた具体的な補完代替医療は、鍼灸、指圧、アロマセラピー等である。

注12：これらの活動は、公益財団法人ＪＲ西日本あんしん社会財団活動助成「四・二五 あの日を忘れない ――被害者の真の回復と、事故の風化防止、安心で安全な公共交通機関の実現を願って――（二〇一〇年度－二〇一二年度）」の支援を受けて実施された。

注13：いわゆる「森林浴」に代表される森林におけるレクリエーションや、森林の地形を活かした歩行リハビリテーションなどを通じて行われる補完代替医療のひとつ。この企画では万博記念公園（大阪府吹田市）の協力を得て、万博記念公園内の森林を散策するという森林療法の代表的なアプローチを体験した上で、鍼灸やアロマテラピーの体験会を行った。また芝生広場で弁当を食べた後、インストラクターの指導を受けながらヨガの体験も行った。日頃とは異なる環境において補完代替医療を体験することで、より深く補完代替医療の意味やその効

果について学ぶことを目的として実施した。
注14：八・一二連絡会については、以下のウェブサイトを参照のこと。（http://8-12.moo.jp、二〇一九年二月二〇日現在）
注15：これらの見学会は、筆者が研究代表者でもある公益財団法人ＪＲ西日本あんしん社会財団研究助成「事故当事者が「第三者的視点」を獲得するということ――多角的・重層的に、事故の検証や被害者の回復に取り組む――（二〇一〇年度）」の支援を受けて実施した。
注16：二〇一七年六月二〇日に、業務上過失致死傷罪で強制起訴されたＪＲ西日本歴代三社長の無罪判決が確定している。
注17：二〇〇一年七月二一日午後八時三〇分頃、明石市民夏まつり花火大会の会場付近の歩道橋において、異常な混雑による見物客の転倒事故が発生し、一一人が死亡、二四七人が怪我をする惨事となった。この事故により、業務上過失致死傷の罪で明石署、警備会社、明石市の担当者ら計五人が有罪となった。

第三章　専門家と被害者の「交点」から安全を考える

1　公的事故調査機関の成立と、被害者のかかわりの萌芽

被害者の「社会的責任」という考え方

「被害者」という言葉を聞いた時、みなさんはどのようなイメージを持つだろうか。自らが、また自らの大切な人が事故にあい、大きな痛みや苦しみを抱えている人。場合によっては、支援してあげるべき対象と位置づけたり、悲しみや怒りの感情を露わに主張する人というイメージを持つ方もいるかもしれない。しかし、それとは全く異なる被害者(注1)が存在することもまた事実だ。

筆者は、第一章・第二章で記述した内容を含めて、国内で発生したさまざまな事故、特に公共交通事故の被害者の方々と活動をともにし、また研究の一環としてインタビュー(注2)や参与観察を行ってきた。その中で、公に強い言葉としては語られることは多くはないものの、『被害者としての責任』『被害者だからできること』『よりよい被害者でありたい』というような言葉で、被害者本人やその家族が「被害者の社会的責任」に言及する場面に居合わせた、いくつかの経験がある。

筆者がここで被害者の社会的責任と表現するものは、被害者（全員）が負うべきことという意味ではない。被害者という立場になった人の心身の痛み、平穏な日常を破壊されたことの影響力を考慮すれば、それらの人々は、さまざまな社会的支援を受け、自らの「回復」を最優先する立場にある(注3)。一方で、

被害者の想いや状況はひとつに収斂するものでもない。おかれた状況によっては、本書の中で言及するように、自らが遭遇してしまった事故の原因究明や再発防止策の立案に積極的にかかわり、「被害者の社会的責任」とも呼べるものを全うしたい、そう考える被害者も存在するのである。

しかし国内においては長らく、事故原因の究明や再発防止策の立案にかかわりたいとする被害者の願いが、具体的な制度や仕組みの変更に結びつくことはなかった。

公共交通事故に関する公的事故調査機関の成立

事故が発生する。その原因究明と再発防止のためには、責任追及とは切り離した形での検証が必要であるという主張がなされる。またこの検証は、「第三者的な」立場から行われることが肝要であるとされる。長きにわたって検証におけるこの第三者的視点は、専門家の側から提示されることが常であった。そしてその対となる被害者（遺族や負傷者やその家族など）の言葉は、専門知識をもたない素人の意見として、または怒りや悲しみの感情が先に立つ人々の主張として、受け止められがちであった。場合によっては被害者の言葉は、客観性や科学性を重視すべき検証を妨げるものとして位置づけられ、排除される傾向も強かった。

このような傾向に変化が訪れはじめたのは、一九九〇年代である。鉄道事故について言えば、信楽高原鐵道事故（一九九一年）を契機として、「①鉄道事故調査に関する公平な専門的機関の設置を求めること、②近年発生した鉄道事故の調査の全内容のすみやかな公表を求め、国民各層とともに事故再発防止と鉄道安全のために検討を行うこと、③今後の鉄道の安全を推進するため、市民団体として提言を行うとともに、関係諸機関に対し、必要な措置の実施を求めること、④広く国民に対し、鉄道の安全について広報宣伝活動を行うこと」を目的として、遺族らを中心に、鉄道安全推進会議（ＴＡＳＫ）が設立された（注4）。日本国内においては、このＴＡＳＫの活動に後押しされる形で、公共交通に関する公的事故調査の制度が整備されていった。

それまで公共交通事故に関する公的な事故調査組織は、航空機事故を対象にした航空事故調査委員会しかなく、鉄道を対象とした組織や制度は存在しなかった（注5）。一九九一年の信楽高原鐵道列車衝突事故、二〇〇〇年の営団地下鉄日比谷線脱線衝突事故（注6）を契機にその必要性を求める声が高まり、二〇〇一年には、航空事故調査委員会が、航空・鉄道事故調査委員会に改組された（注7）。加えて海難事故もその対象となり（注8）、陸（鉄道）・海（船舶）・空（航空）のすべてを所掌とする運輸安全委員会が二〇〇八年一〇月に設立され、公共交通事故に関する原因究明と再発防止策の立案が、本格的に実施されるようになった。

ヒューマンファクター研究と事故調査

事故の検証に関するもう一つの大きな変化は、事故の原因究明や再発防止策の立案に対する考え方の変化である。これには、筆者の専門分野の一つであるヒューマンファクター研究の潮流の変化も、大きな影響を与えている。

日本の法体系では、事故をめぐる調査においては、警察による刑事捜査の影響力が強い。法的に処罰を受ける対象は、業務上過失致死傷罪や過失往来危険罪などの刑事罰を立件できる者となるため、鉄道事故であれば、現場で運転に携わる人や、保守や整備にかかわる社員のように、いわゆる「現場の個人」の行為が調査（捜査）の対象となり、過失者として裁かれてきた。そこでは刑事責任の有無が、唯一かつ最大の調査（捜査）目的となっていた。

一方で、このような原因究明プロセスにおいては、責任を免れようとして真実を隠すことを防ぐことは難しく、事故の再発防止のために必要な情報が明らかにされない可能性が高い、との指摘もなされてきた（佐藤、一九九七）。そのような社会状況の中で、一九九〇年代以降にヒューマンファクター研究の分野では、「組織事故（リーズン、一九九九）」という考え方がその潮流のひとつとなっていった。

組織事故とは、事故は居眠りをしたり、注意不足で何かの計器を押し間違えたり、チェック漏れを起こすというように、直接の行為者となった「人間」のエラーだけが原因で発生するのではない。そのエラーが発生した背景要因、あるいは背景にある組織的な文化や構造にこそむしろ、事故を発生させる本質的な問題があり、その部分を「組織」の要因として分析し対策立案に取り組まなければ、真の安全にはたどり着かないとする考え方である。このような考え方は、安全に関連する研究分野や産業分野の実務面では定着しつつあり、公共交通事故の調査においても近年、踏襲されつつある考え方と言える。

被害者支援という観点からの検証

さらに、事故の検証のあり方が変わりつつある背景には、「被害者支援」と検証との関係の変化がある。その源流は犯罪被害者の支援の歩みにある。国内において犯罪被害者は、自らに非がない形で被害を被ったにもかかわらず、その支援の仕組みが未整備であったことから、社会の中で孤立する状況が長く続いてきた。そのような中で一九九二年三月に遺族の訴えに応える形で、東京医科歯科大学に、犯罪被害相談室が創設された。一九九八年五月には、全国八団体による民間組織「全国被害者支援ネットワーク」が設立され、二〇〇九年七月には、四七都道府県の全てに加盟団体（被害者支援センター）が設置されるまでに、その活動は発展してきた（注9）。

このような方策が進展してきた背景には、地下鉄サリン事件（一九九五年）、神戸連続児童殺傷事件（一九九七年）、光市母子殺害事件（一九九九年）などに代表される社会の注目をあつめた事件を通じて、被害者支援に対する社会の関心が高まったことも影響している。そのような被害者支援のあり方が議論される動きと並行して、公共交通事故に関する調査の枠組みの中にも、「被害者支援」を念頭においた取り組みが行われるようになってきた。

事故で大切な人をなくした人々は、事故の原因究明や再発防止策の立案がしっかりと行われることを望む。それは、自らが味わったようなつらい想いはもう誰にもしてほしくない、という強い願いでもある。また負傷者やその家族の場合には、『自分は、目の前で苦しんでいる人を助けてあげることができなかった』『家族も巻き込まれた。けれども、自分の家族は生きている』という罪悪感から、事故の原因究明や再発防止策の立案を強く望む人もいる。

真相が究明され、再発防止策が施されることは、次の事故を防ぐことにはつながるが、起こってしまった事故の被害を軽減させることにはつながらない。亡くなった人は、もう戻ってくることはできない。負傷者であれば、心の傷、体の傷、その両方と付き合い続けていかなければならない。しかしその変えられない現実を受け止め、そして前に進んでいくためにもまずは真実を明らかにし、そして再発防止策を完全な形で行ってほしい、安全対策を弛まなく進めていく姿勢を企業には貫いてほしい、そう被害者は願うのだろう。つまり真の意味で被害者が「回復」していくためには、真相の明らかに（注10）と再発防止策の立案は不可欠なのである。

そしてそのプロセスは、常に当事者に公開されなければならない。検証の結果、事実のすべてが明らかになりきれないこともあるだろう。そのような場合であっても、可能な限り丁寧かつ密に情報が提供されることは不可欠である。そしてそれが、被害者支援の要石として、機能するのである。

「二・五人称」の視点と専門家への戒め

柳田邦男は、「死の人称性（ジャンケレヴィッチ、一九七八）」という概念をもとに、被害者視点を含めて事故調査を行うことの重要性を「二・五人称の視点」という言葉で表現している。柳田は、事故調査を行う上で「もし自分が事故にあっていたら」と考えるのは一人称の視点。「もし自分の家族や大切な人が事故にあっていたら」と考えるのは二人称の視点。専門的な知識だけに基づいて判断するのは三人称の視点。そして一人称、二人称の視点をいれつつ、専門家として冷静に判断するのが「二・五人称の視点」であるとしている。

柳田は、自らが家族を亡くした経験をもとに、次のようにも語っている(注11)。自分が病気になった時、例えば癌が進行してしまった時に、自らが残された時間をどのように生き抜くのか、どのような形で死を迎えるかという、本人にしか考えられない問題を正面から見つめなおすこと。これが一人称の視点。一方でその家族は、最愛の人が死を目前にしている状況を見守る役目を担う。この時、家族が担うケアには、物理的に生活を支えるという意味と、目の前で死にゆく家族が、納得のいく人生の最期の時間を過ごせるように支えるという意味の二つの意味が含まれる。そのような状況において家族は、必要な病院や介護施設を探し、日常生活の多くを支え、本人のやりたいことを全うさせるために奔走する。そしてそれと同時に、自分の大事な人が失われるという喪失感と向き合うという、グリーフワークの問題にも直面する。本人の「死」を見つめ、そして自らの「喪失」に向き合う、これが命をめぐる二人称の視点であると柳田は言う。

これに対して三人称の視点から見た命は、「彼、彼女の命」として表現される。三人称の命とは「ああ彼が（彼女が）死んだのね、かわいそうね」と感じることであり、事故で、何十人何百人が亡くなったという事実を、一つのニュースとして捉えることである。その上で、そのような痛ましい事故の再発防止は重要であると考える一般論の視点、これが安全をめぐる三人称の視点である。そしてこの三人称の視点のみから、原因究明と再発防止策の立案を行うことには限界がある。

この柳田の主張は、専門的な知識に裏打ちされ、真実を知る者と認識されやすい専門家の力に対する諌めである、とも言い換えることができよう。専門家が第三者の視点から事故の原因を分析し、再発防止策を講じることは重要である。しかし、第三者の視点から十分に検討したとしても、そこに見落としの可能性は残る。それを少しでも埋めるための方法として、被害者だからこその気づき、被害者が苦悩の末にこだわりぬく要素も含めた形で、専門家が検証に臨むことこそが、真の意味での事故の再発防止や被害軽減につながると考えることができるのだ。

2　被害者の声に応答することの意味

二・五人称の視点を持つ被害者

一九八五年に発生した日本航空機墜落事故の遺族であり、八・一二連絡会（遺族会）の事務局長をつとめる美谷島邦子さん。前章で述べたように、空色の会のメンバーと美谷島さんは密なやりとりがあり、空色の会のメンバーが御巣鷹山の慰霊登山に参加したり、また四月二五日には美谷島さんが東京から尼崎に足を運び、空色の栞を一緒に配布するなどの交流が続いている。

その美谷島さんは、著書（美谷島、二〇一〇）の中で、社会的には注目されにくい事故（多くの場合は、被害者数が少ない事故）の被害者と比較して、『私たち遺族は、大事故だったが故に、こうして発言の場をいただいた』という言葉とともに、加害企業や報道機関、規制機関が自らの発言に耳を傾けやすい立場だからこそ、個人の感情を超えて、発言するべきことがあると語っている。これは、社会的に注目をあびることになってしまった事故の被害者の中に存在する、一つの想いである。自らの事故の原因究明を求めるだけではなく、自らの生活を破壊した事故を社会の「負」の共有財産として捉え直し、二度と同じような事故を起こさせないという強い意志でもある。

このように、被害者としての社会的責任を果たそうとする人々（注12）は、専門家とは別の方法で「二・五人称」の視点を獲得し、事故の再発防止に寄与しようとする人々であるとも言えよう。そしてこれらの人々が、社会における安全の推進のために果たしてきた役割は大きく、公共交通の安全性向上に不可欠であると筆者は考える。

そのような被害者の声は、アンケートなどにより収集されるデータとして位置づけられるだけで十分なのであろうか。もう一歩踏み込んだ形で、事故の検証にかかわる方法がありうるのではないだろうか。

まず、遺族が知りたいこと

しかし、そのように被害者の社会的な立場に目をむけ、さまざまな活動や発信をする人々も、最初から二・五人称の視点をもっているわけではない。まず目の前にあるのは、ごく当たり前の個人的な想い。自分の大切な人を襲った悲劇の詳細を知りたい。その時、何がどのように起こって、その瞬間に自分の大切な人が何を感じたのか、その時の周りには誰がいて、どのような状況だったのかを知りたい。そういう想いなのだろう。そしてこの「知りたい」という想いに応えることは、被害者がどのような「回復」の道筋をたどるにせよ、その一歩目として必要不可欠である。

さまざまな事件・事故の遺族の著作では、この「自分の最愛の人の最期を知りたい」という記述を見つけることができる（注13）。そこで求められているのは、調査報告書に記述が求められるような、客観的事実やデータだけではない。その時に、自らの大切な人に起こったことがらの全てを、事件や事故に遭遇してしまった被害者の側から見つめ直し、その状況に同化したいという強い想いとも言えるだろう。

　福知山線事故は、その事故の凄惨さから、亡くなった家族の乗車位置はおろか、亡くなった家族の乗車していた車両すらわからない遺族が存在した。そのような中で『私は娘が最期に座っていた同じ座席に座ってあげたいんです。最後に握っていたであろうつり革につかまってあげたいんです。』という遺族の言葉に後押しされて、遺族と負傷者、そして加害企業であるＪＲ西日本が協力して、乗車位置を確認するための情報交換会が開催された（ＪＲ福知山線脱線事故被害者有志、二〇〇七）。

　あの事故の中で、生き残った負傷者がどこにいて、どのように飛ばされて、どのように救助されたのか。事故の直前、自分の周囲には誰がどのような状況でいたのか。そして、救助されるまでの間、自分の周囲にはどのような人がいたのか。救助者は、どこで何を見たのか。具体的な話になればなるほど、話すことも、聴くことも耐え難いような現場の凄惨さが浮かびあがってきたことだろう。それでもこの情報交換会には、身体の傷をおして、また事故の惨状を語るという心の負担を引き受けて、数多くの負傷者や救助者が参加し、遺族と協働で乗車位置の確認につとめたという（注14）。

負傷者の家族もまた、知りたい

大切な人が事故にあってしまった状況を共有したいという想いは、遺族の口から語られることが多いが、その想いは負傷者の家族にも共通する。事故で受けた心身の傷とともに懸命に回復しようとする負傷者のために、負傷者の家族も、その時に何があったのかを知りたいと語る。事故直後の報道写真等に写り込んだ我が子の姿を見て、長らく、その時に想いをはせ続ける負傷者の家族もいる。

前述のEさんは、次のようにも語っている。

私は事故当時のことを未だにもっと知りたい。映像も見たいし、私は事故現場にいたわけじゃないから……。（中略）○○（娘さん）がどんなところにいて、どんな格好で、どうやって助け出されて。（中略）あ、そうか、○○（娘さん）はここでこうだったから、ここが痛いのねとすぐに理解してやりたい。（中略）あの子のことはあの子にしかわからないんだけど、でもわからないから、せめてその事実の断片みたいなところを共有したいと思っていて……。

美谷島さんが『亡き人を思い、その面影を心にしまう、そうした場所が必要だと思う。そこで自分の過去を整理しながら、自分の人生と、その人の物語を紡ぎ直していくことができる。それが、二度と繰り返させないという思いにつながっていく』と著書の中で語るように、どんな些細なことでも、可能な限りの事実の断片を拾い集める。それにより被害者の家族（遺族の場合もあれば、負傷者の家族の場合もある）も、自らの腑に落ちる形で、事故やその後の被害を語り出すことができる。

悲嘆に関する数多くの著作をもつハーヴェィイ（二〇〇二）は「心の痛みや苦しみを癒すためには、悲嘆にくれること、物語を信頼できる人に話すこと、そして人生を再構成するための行為が普通は必要になる」という。この人生を再構成するための行為の一つめが、まずは自分の大切な人に何があったのかを知りたい、そういう強い想いなのだろう。そしてその想いが満たされてこそ、被害者は「回復」のための第一歩を歩み出すことができるのだ。

サバイバルファクター

加えて被害者の多くが望むことの一つは、時間を巻き戻して事故が起こらなかったことにすることができないのであればせめて、同じような苦しみを味わう人がもう二度とでないことである。つまり、事故の原因究明と、その事実を踏まえた再発防止や被害拡大防止策の確立を願うのだ。

負傷者についていえば、この被害拡大防止策の立案にに直接的に寄与することができる。それが「サバイバルファクター（Survival Factors）」という考え方である。

欧米諸国においては一九七〇年代に、航空事故調査の重要な視点の一つとして、仮に事故の発生は防ぎ得なかったとしても、死者や負傷者をもっと少なくすることはできなかったのか。どのような条件が整えば被害を抑制することができたのかという観点から、乗客一人一人が死亡や負傷に至るようになった経緯や、また負傷者が脱出・救出された経緯について明らかにする取り組みが盛んとなっていった。このように、過酷な状況においても生存を可能にした条件あるいは要因を、サバイバルファクターと呼ぶ。

このサバイバルファクターについては、専門家の一部では話題にあがりつつも、国内では長らく具体的な方策へは結びつかない状況が続いていた。しかし福知山線事故を経て、二〇〇六年に施行された事故調査委員会の設置法改正により、当時進行中だった福知山線事故の調査の中に、「サバイバルファクター」の条件を明らかにする取り組みが加えられた。

それまでの事故調査では、例えば鉄道事故であれば、脱線や転覆が発生した原因を調査し、脱線・転覆しないためにはどのような対策を施せば良いかという発想で、再発防止策が立案されていた。それに加えてサバイバルファクターも検証の対象とするということは、脱線した後に大勢の死者や負傷者が出てしまったのはなぜかという被害拡大の原因まで、調査対象に含めるということである。

前述のとおり、福知山線事故では、被害者が協力して自主的に乗車位置を確認するための情報交換会が開催された。これは、もとは愛する人の最期の姿を少しでも知りたいとする遺族の声がけで始まったものである。同様の内容は、事故調査報告書（注15）の中でも詳細に解析されており、そこには、

・つり手、手すりにつかまることは、人的被害の軽減に効果がある可能性が考えられる。
・そで仕切や手すり等で身体を支えることが、人的被害の軽減に効果がある可能性が考えられる。
・車体断面が菱形に変形しにくいようにする配慮が被害軽減に有効であり、車体側面と屋根および床面との接合部の構造を改善するなど、客室内の空間を確保する方策を検討することが望まれる。

などの記述がある。大切な人が被害にあった状況を知りたい、最期の姿を知りたいという被害者の願いは、被害の拡大防止策を考えぬくために必要な調査とも、強い共通性をもつのだ。

調査対象「未満」の事故にも目を向ける

第二章でも登場した加山圭子さんは、二〇〇五年三月に東武伊勢崎線の竹ノ塚で発生した踏切事故により、母親を失った。この事故には多くの通行人が巻き込まれ四名が死傷したものの、航空・鉄道事故調査委員会（当時）調査の対象は、五名以上の死傷者の事故と定義されていたことから、公式の事故調査は実施されなかった（注16）。

それに対して加山さんは、航空・鉄道事故調査委員会の調査の対象にしてほしいとの申し立てを行ったが、規定外ということで調査は行われなかった。また刑事裁判では、過失が認められた踏切の保安係一名が実刑判決を受けることとなったが、検察審査会の不起訴不当の判断にもかかわらず起訴されず、裁判で管理者の責任が問われることはなかった。

この事故の直接的原因は、手動式の踏切において、列車の接近を知らせる警報ランプが点灯しているにもかかわらず、保安係員が次の列車通過までには余裕があると思い込み、遮断機のロックを解除し遮断機を上げてしまったことにある。しかし「開かずの踏切」として名高かったこの踏切では、利用客からの苦情が絶えず、手動踏切を操作する係員たちは、常にできるだけ踏切の遮断時間を短くしなければならないという精神的プレッシャーにさらされていた。同種の踏切は日本全国に未だたくさん存在する。そしてこのような事故を防ぐためには、この背後要因まで鑑みる必要がある。その意味で、真の再発防止のためには、裁判で過失を認めることが難しいとされる、組織要因まで踏み込んだ調査が必要だと加山さんは考えたのだ。

そのような活動の中で加山さんは、「思いを紡ぐ（注17）」というブログで、自らの家族が巻き込まれた事故やその経過、その他の鉄道事故についても被害者の視点から発信するようになった。そのブログにはさまざまな反響があり、そしてその反響を通じて、たくさんの踏切事故の被害者とつながるようになっていった。

加山さんはそのつながりの中から、踏切事故の場合は亡くなった方が一人であり、また目撃者がいないケースがほとんどであることを知った。そのために事故の状況を知るための証言は、運転士に頼らざるを得ないことも知った。その結果として、事故原因を究明し、実効的な再発防止策を立案するという意味でも、遺族の「自分の家族がどのような状況で鉄道事故に遭遇したのかを知りたい」という気持ちに答える意味でも、現状の調査体制では不十分であると考えるようになっていった。

踏切事故ですと、警察の発表、それから事業者の発表は、どこそこの何号踏切で一名死者があって、何分間列車が止まった、何万人に影響があった、何千人に影響があった。列車の中ではけが人はなし、といったことが、報道されます。それは事実として数字ですから載せていただくのは当然だと思うんですが……

（中略）

現地に行ってみると、どうしてその方がその踏切内に取り残されたのだろうとか、足が悪かったのだろうかとか、電動車いすが故障していたのだろうかとか、小さなお子さんがその遮断機が下りていてもわからないで入ってしまったのだろうかとか、そういう疑問がいくつもわいてくるんですね。（中略）現地、現物、現人にあたって、見る。そこから出てくる疑問は、事故調査にもつながってくるかもしれないと思うのです……。

前述の通り、運輸安全委員会による事故調査の対象は、「踏切などの事故の場合は、死傷者が五名以上」という規定があるため、多くの踏切事故は調査の対象にはならない。しかし、遺族はこだわる。なぜ、自分の大切な人が、この場所で事故にあってしまったのだろうかと。そして、その事故を防ぎ得たかもしれないありとあらゆる可能性に想いを巡らせる。

専門家の視点から、そして行政機関がまず行うべきことは、効果的かつ実行的に調査を行い、対策立案を行うことである。人的・物理的制約があることを考慮すれば、その対象に基準を設けることは必要であり、死傷者数が少ない事故がその対象外になってしまうことには一定の合理性はある。一方で、死傷者の数が少ない、調査対象未満の事故を並べてみることで初めて気づく、事故原因や再発防止策の可能性があることもまた事実なのだ。

専門家と被害者との決定的な違い

筆者と空色の会のかかわりもそれに近いものがあるが、事故の被害者と専門家が共同で行っている実践・研究活動には、いくつかのものが存在する。そういうかかわりを通じて、専門的な視点と被害者の視点の両方からの原因調査や再発防止策の立案は、わずかずつながら進みつつある。一方で、そのような動きを評価しつつも加山さんは、被害者の考えていることと、専門家やそれに連なる人たちの感覚は、異なるのではないかと語る。

なんて言うのでしょう、いろいろ事故のことを考えている、事故を防ぐにはどうしたらいいかということを考えてらっしゃる方はもちろんたくさんいらして…、弁護士さんもそうだし、航空関係の方もそうだし、ヒューマンファクター研究の方もそうなんですが…、そういう人たちと、私たち遺族とは、やっぱり想いが違うのかなと思うこともあります。

そして加山さんは、加害企業とのやりとりを語りながら、専門家の人たちは、直接的な加害者（加山さんの事例で言えば、ルールを逸脱して遮断機を上げた踏切の係員）を『かばうような言い方になっちゃう』ところが、決定的に被害者とは異なると指摘した。加山さんは、事故を直接的に誘発する行為をした踏切の係員だけに事故の責任があるわけではない、と考えている。むしろそのような事故が起こることが予見できたにもかかわらず、その状況を放置した組織の責任が重いと加山さんは言う。しかしそれを理解することと、直接の加害者を『かばう』ような言葉が出てくることの間には、大きな違いがあるというのが、加山さんの指摘だ。

専門家の方と、私たちとは想いが違ってて、例えば○○さん（踏切係の名前）が、たとえいろいろな事情があったとしても、遮断機をあげた行為は、私たちとしては、ある意味、許せない部分もあるわけですよね。そこら辺の気持ちというのは、（専門家の方々には）おわかりにならないのでは……ということがありますね。そのへんのことで、別にぎくしゃくするほどではないけれども……違うのかなと。

（中略）

こういう感情を被害者感情って言われるというか、ただ被害者は怒ってるような印象で受けとられるのですが。感情というよりも、情熱というか。どこかでこういうことは許せないという想いがあります。情熱というより、エネルギーですね、そういうものがないと、本当の意味で、真相を知りたいという動きが出てこないんじゃないでしょうか。

事故に向かい合うエネルギー

『ある意味、許せない部分もある』。この感覚は、被害者によっても異なるだろう。遺族と負傷者、その家族でも異なるだろうし、被害の程度や事故後の状況とは関係なく、個人の価値観や性格による違いもあるだろう。加害者への想いを「怒り」に近い言葉で表現をする人もいれば、その想いを「悲しみ」に近い言葉で表現する人もいる。

加山さんは二〇〇八年以降ほぼ毎年、安全工学シンポジウムという研究者や実務家が安全について発表し議論をする場で、専門家とともに「事故の再発防止を考える」というセッションを企画・運営している。また加山さんは『このような場を通じて、遺族や被害者の声に真摯に耳を傾けてくれる専門家と出会い、そういった専門家の力添えと知見を得て、ここまで来ることができた』と、専門家への深い感謝の気持ちを述べている。しかしそれと同時に加山さんは、『許せない部分もある』と感じる被害者である自分と専門家との間には、やはり埋めきれない溝があるのではないかと語る。

事故を引き起こした側（加害企業という組織の場合もあれば、加害企業側に属する個人の場合もある）に差し向ける視線。その視線の厳しさの程度が、被害者とそれ以外では異なるということに気づかされた経験を、筆者自身ももつ。

筆者が接点をもつ福知山線事故の負傷者やその家族は、ＪＲ西日本という会社や社員の全てに対して否定的なわけではない。負傷者やその家族からＪＲ西日本の社員に対して、直接的な労いの言葉や、場合によっては感謝の言葉が差し向けられることもある。被害者のニーズに応じたＪＲ西日本の対応について、評価する声もある。しかしそのような関係性にあっても、被害者の方々の期待に沿わないようなＪＲ西日本のリアクションがあった時の『ほら、やっぱりな…』と、落胆を表明する言葉。責任のある立場にある人に被害者の実情を知ってもらおうとする時の、負傷者やその家族の言葉の勢い。後述するような対話の場で止まらなくなる叱責の言葉。

『許せない部分もある』いう言葉に続けて加山さんが、その想いを感情というよりも、『エネルギー』と表現したものは、やはり被害者にしかわからないことがある、それを伝え続けたいという被害者の姿勢ではないだろうか。

もちろんそのエネルギーの大きさも、そのエネルギーを差し向ける方向も被害者によって異なる。その意味で一律に論じることはできない。裁判という形で決着することにエネルギーを差し向ける人もいれば、事故調査の報告内容をできるかぎり自分に納得がいく形で理解することにエネルギーを差し向ける人がいる。加害企業には、謝ってほしい、謝り続けてほしいという形で、事故に向き合う人もいる。その「形」は異なるものの、一つの事故に向かい合う、向かい続ける『エネルギー』が被害者と専門家では違う。そう、加山さんは言いたいのだろう。

事故後の日常から「事故」を見つめる

事故の検証にあたって、データや理論に裏づけられた専門家の知見は重要である。専門家は、事故を検証するための物理的なリソース（組織や予算）や、専門知と専門知のネットワークを駆使して、多くの事例を分析対象とし、事故をさまざまな角度から見ることができる。そこから導き出される再発防止策により、技術の安全性は向上し続けている。

その一方で、専門家は数多くの事故に横断的にかかわる存在でもある。その意味で、「事故」とは一定の距離をとらざるを得ないし、検証の後の時間も含めた形で、あるひとつの事故だけに深くかかわり続けるには、物理的な限界がある。

それと対置される被害者は、事故の後の時間を自分たちに降りかかった事故とともに、生きる人たちであるように、筆者には見える。第二章で記述したとおり、被害者も二四時間常に、事故のことを考え続けているわけではない。時間の経過や、仕事や家庭、さまざまな状況の変化により、事故への向き合い方や想いは変化するだろうし、事故との向きあい方には個人差がある。しかし、忘れたいという気持と、忘れない、忘れられないという気持のはざまを揺れ動きながら、ふとしたきっかけで、事故の記憶がありありと浮かび上がることがある。そしてそこで出てきたアイディアや疑問が、何かの形で事故調査に活かされないものか、と願う被害者がいることもまた事実なのだ。Eさんは、その揺れる想いを次のように語っている。

みんなそれぞれに仕事があったり……、それぞれの立ち位置があるわけだから、それ（事故のこと）ばかりを前面に押し出して、毎日を過ごしていくわけにはいかないの。そうなっちゃったら、ちょっと違うと思うの……。でも、それぞれ生活者として過ごして、それぞれの日々の中でニュースをみたりして、ふわーっと浮き出てくるもの（疑問やこうなったらいいのではないかという対策の方向性）がでてくることがある。そしてそれが、本当に必要なものにつながってくると思うの。

またCさんは空色の会の活動を通じて、事故や事件の報に接した時に、考えることや感じることが変わってきたと語る。自らの経験に照らし合わせて被害者がおかれた状況を想像し、その大変さを想像すると同時に、その影響で職を失ってしまった加害企業の社員にまでも想いを馳せる。自らの妻が事故にあう以前は、事故や事件のニュースを見ても、大変だという表層的な印象を持つだけだったものが、自らの経験により、より俯瞰的に事故を捉えるように変化してきているのである。

福知山線事故の後に、ジェットコースターの事故(注18)がありましたよね、大阪で。あの時の遺族の人って、ほんまに一人、被害者の人は一人だから、孤立しているんじゃないかなと思ってね、気になっていました。本当にああいうときはつらいと思うんですよ、あの同じ立場の人がいないというのは。

(中略)

経営の方もすごい損失を出して、結局、つぶれてしまったし。そうなったら今度従業員の人とか、結局みんな不幸になるんですよね。事故というのは、いろんな人の生活を一変させる。そういう目で事故を見るようになった。やっぱりそういう意味でも事故は起こしたらあかん、と。今までは、こんな事故があってかわいそうだな、だけだったのが。

このように考える被害者は、日常生活のいたるところで常に、再発防止策はどのように実行されるのだろうか、その対策は時間の流れにより形骸化しないのだろうか、新しい知見が発見された時には、それが反映されるような枠組になっているのだろうか、という形で事故の検証とその後を見つめ続けている。

日常から浮かび上がる、再発防止策

負傷者やその家族は、「なにげない日常」を感じる時にこそ、自らが、自らの大切な人が助かったことを深く感謝すると同時に、遺族に対する申し訳なさを感じるという。その感謝と罪悪感から生まれる思考もまた、加山さんが言う『エネルギー』と呼べるものだろう。ご飯を作りながら、テレビを見ながら、お茶を飲みながら、という生活空間の中から、起こってしまった事故を眺める時に、思い浮かぶ事故の諸相。その生活者の視点から見える可能性にも、検証にかかわる専門家は耳を傾けるべきではないだろうか。

もちろん繰り返すように、被害者が日常生活の中で考えつく再発防止策や背景要因が、常に実効的というわけでも、専門家が考えた見識を必ず上回るものというわけでもない。また、専門家もある場面では当然のことながら生活者であるという意味で、生活者としての視点は、被害者だけが有しているものとは言えない。しかし一方で専門家として問題にかかわる人々は（もちろんこの専門家には筆者も含まれる）、思考の片隅に生活者の視点を持ち、そのような視点も含めて問題の所在を議論し、実効的な対策を吟味することはできるとしても、純粋な意味での「生活者」のそれとは、議論の重心の置き方や、重心の位置が異なる。

事故を起こさない、起こってしまった事故の犠牲に報いるためには、できるだけ多くの知見を再発防止策の中に組み込むことが肝要である。その意味で、事故の被害者が自ら考え、また多様な事故の当事者と集い、情報や想いを交換し、そこから生まれる思考は、一蹴できるものばかりでもない。専門家である柳田邦男が、専門家の側に二・五人称の視点の重要性を問うたように、その逆側から、特に二・五人称の視点を持つようになった被害者の側から、再発防止のありようを考えることは、同じような事故を起こさないための仕組みづくりに、寄与する可能性があるのだ。

社会の代表として見守る、それに応答する

本当ならば、自らや、自らの大切な人の身に降りかかった事故を防ぎたかった。時間を巻き戻して、事故の前の日常に戻せるならばそうしたい。それが、被害者が一番に願うことだろう。しかしその願いは残念ながら叶わない。そうであるならばせめて、もう二度と同じような事故を起こしてほしくない、同じような想いをする人をもう二度と出したくないと願う。本当に望んでいるものは手に入らないことを認めた上で、自らの心の中の葛藤とせめぎあいながら紡ぎ出される言葉の意味、それを私たちの社会は今一度考え直すべきではないだろうか。そこにある言葉は決して、単純に「感情的」と表現されるものではない。

私たち社会の一人一人は、いつか自分自身や自分の家族が同じような事故に巻き込まれるかもしれないという意味で、潜在的な被害者であると筆者は考えている。そうした視点からみれば被害者と呼ばれる人々は、検証から得られた知見が、適切に私たちの生きる社会の安全に反映され続けることを見守る

役割を、社会の代表として担うことができる存在とも言い換えることができるのだ。

検証は本当に信頼に足るメンバーにより実施されているのだろうか。メンバーの専門性に偏りはないだろうか。推定されるすべての可能性について吟味がなされているであろうか。事故原因の究明について、見落とされている視点はないだろうか。わかりやすい処罰や責任追及に偏って、組織の要因が見過ごされていることはないだろうか。その再発防止策には実効性があるだろうか。その再発防止策で、同種の事故まで含めて、本当に防止することができるのだろうか。

検証のプロセスとその後を、常に注意深く、そして厳しく見守る役目を二・五人称の視点を持つ、また持ち始めた被害者は担おうとする(注19)。そして検証にかかわる組織や専門家は、これらの被害者からの厳しい視線に耐えうる検証を行わなければならない。そればかりではなく、それらの人々への応答責任（Responsibility）も負う。Responsibilityという言葉は、「説明責任」と翻訳されるケースが少なくないが、正確には「説明」する責任ではなく、「応答」する責任である。つまり検証の経過や結果を、被害者や社会に向けて説明することはもちろん、それらの人々からの質問や意見に応じることが肝要なのだ。

二・五人称の被害者という視点から着想された質問や意見は、事故原因の究明や再発防止策の立案には結びつかないことがあるかもしれない。時には専門家の側からみれば、到底受け入れられない意見や提案もあるかもしれない。それでも、それを素人の意見として一蹴するのではなく、まずは一旦受け止める。そこから新しい知見や再発防止策が得られたらそれは、より実効性の高い再発防止策が立案されるという望ましい姿につながる。

逆に、被害者の提案を受け入れることが難しい場合には、被害者からの意見や要望に対して、それがなぜ難しいのかを説明する。説明に対して、新しい意見や質問が出た場合にはさらにそれに応じる。それでも納得が得られない場合には、どうすれば折りあえるのか、もしくは別の形でその意見や要望に応じることが可能なのか、第三の道を模索する。そういう検証にかかわる専門家と被害者の「対話」のプロセスを通じてしか、被害者の納得と、そして社会状況に応じたより実効性の高い再発防止策は両立し得ないのではないだろうか。

このような丁寧なプロセスを経ることは、検証にかかわる専門家にとっても、そして被害者にとっても、時間的にも精神的にも相応の負担を強いる。時には関係性が膠着したり、検証が停滞したり、場合によっては、二度と会いたくもないと思うようなやりとりも生まれてしまうかもしれない。それでもなお、被害者の無念に応えるためにも、同じような無念を抱く人をもう二度と生み出さないためにも、関係性を維持し合うための対話と、それを支える制度や仕組みが不可欠だと、筆者は考える。

3　専門家の視点と被害者の視点の「交点」

「正解」とは何なのか

ここまで述べてきたように、事故の検証は、なぜ自分の大切な人が事故で命を失わなければならなかったのか、なぜ自分が、自分の大切な人がこの事故で心身の傷を負わなければならなかったのかという、被害者の問いに応える役割も求められる。その意味で事故検証は、専門的検討と被害者視点の交点を見つけていくプロセスを通じて、被害者が人生の再出発の入り口に立つためのものと言うこともできる。

そのような文脈の中で発せられる被害者の「本当の事故原因について知りたい」という問いかけは、ここまでに述べてきたように、被害者の感情的なものとして切り取られがちである。そして原因究明や再発防止策の立案という、客観性や科学性が求められる場面とは棲み分けたかたちで、取り扱われる傾向が強い。それらは本当に別のものなのだろうか。そこに接点はないのだろうか。筆者は、そこにある種の落ち着きの悪さを感じ続けている。

現代社会は高度に発達した科学技術社会でもある。筆者がかかわってきたさまざまな事故は、そのどれもが専門知の粋を集めて「安全に運用されている」と思われていた、そういう科学技術がもたらした。最先端をゆく技術の結晶であるジェット機が墜落する。最新鋭のシステムで運用させているはずの鉄道が大きく脱線する。本書では深くは触れないが、二〇一一年に発生した福島第一原子力発電所の事故は、専門家の知恵の粋を集めてつくられたはずの技術システムが引き起こした事故でもある。その最新鋭の技術システムで事故がおこる。そこには、心身の傷もさることながら、生活の全てを根こそぎ変えてしまうような暴力的な被害が現れる。平常時には洗練され、そして人間の英知すら感じさせる技術システムとその被害の間にあるずれや、埋めようのないちぐはぐな感じ、これをどう理解すれば良いのか。

その被害のあり様を見せつけられたときや私たちはこのようにも感じるのではないか。客観的な第三者が、専門的な科学的な知識が「正解」を導き出してくれるのなら、なぜ、今ここにあるこの状況は生まれているのだろうと。なぜ、専門知はこの事故を未然に防ぐことができなかったのだろうと。この再発防止を考えるときに、専門知だけを重視することが、「正解」にたどり着く道なのだろうかと。

検証をめぐるジレンマ

検証の目的にはいくつかのものがあるが、対象となる分野を問わず、①事故の原因を究明して同種事故の再発防止に役立てる、②別種事故の要因となりうるハード・ソフト上の欠陥の発見、③サバイバルファクターの発見、④遺族・被害者の強い「知りたい」という気持ち・感情への対応の四点（注20）をその目的としている場合が少なくない。

これまでに述べてきた通り、事故原因究明の場では、直接的に事故の引き金になったヒューマンエラーや機器の故障・欠陥を事故原因（直接的原因）として捉え、それ以外の要因については背景要因（間接的要因）として低く位置づける傾向が続いていた。直接的原因の究明が重要であることがいうまでもないが、事故原因の究明がこの直接的原因に偏重することの弊害は指摘され続けており、リーズン（一九九一）が「組織事故」という言葉でその問題を指摘して以降、より注目を集めるようになっていった。

事故の再発を防止する、事故被害の拡大を防ぐという観点を最優先すれば、直接的に誤った判断や行為を行った人に限定して事故原因を考えるだけでは不十分である。それを誘引した可能性がある背後要因にまで思考を伸ばし、分析する必要がある。さらにもし誤りがあったとしても、それが破局的な事故や被害に結びつかないようにするために、防護壁は設定されていたのか、そうした状況を引き起こした組織や制度の問題はないのかに着目して、「寄与要因」を抽出・分析する方向性が重要になる。そしてこの再発防止策立案のために抽出される寄与要因は、厳密な意味で「事実」である必要はない。発生してしまった事故の側から、類推されるリスク要因を可能性のレベルまで含めてすべて抽出し、全体的な安全性向上に資する姿勢が何よりも重要なのである。

一方で検証において、関係者が率直に語り、そこから寄与要因を同定することが困難となる背景には、事故調査（検証）報告書の記述と裁判の関係がある。国内においては、事故調査（検証）における聞き取り内容を証拠として採用することの可能性が否定されていないため、裁判への影響を考慮して関係者の口が重くなるという課題が指摘されている。真の意味の再発防止のためには、関係者がありのままを話し、さまざまな寄与要因について検討がなされる必要がある。一方で、発言が刑事責任の追及に使用される可能性を考えれば、やはり関係者の口が重くなり、自己防衛的になることもまた事実なのである。

裁判による責任追及（注21）をせざるを得ない背景

一方で被害者の側は、必ずしも責任追及や、処罰を求めて裁判を起こしているわけではないという声も存在する。加山さんは、遺族が起こす裁判の意味について、次のように語っている。

裁判をするにしても、決してその相手の責任を問うて、相手に刑罰を与えたいということだけではなくて。むしろそれが目的なのではなくて。（中略）もちろん、いろんな方がいらっしゃると思うし、どうしても刑罰を与えたいという方もいらっしゃると思いますが……。

刑罰よりも、どうしてそういうことが起きてしまったのか。それをなくすためにはどうしたらよいのか、ということを真剣に考えていただきたいという思いが大きいと思います。踏切事故の裁判（注22）は、きちんと説明してもらうには、裁判の場でしか（加害企業に）出てきてもらえる場がないから、仕方がなくて、起こされていると思います。そういう意味で、やむにやまれずというところはあると思いますね。

被害者にとっても加害企業の側にとっても望ましくない結果に至るプロセスの一つは、次のようなものではないだろうか。被害者の側が情報提供を求める。それを受けとった組織（加害企業）の側は、まず事実が何であるかを精査する。その過程で防衛的ともとられかねない対応を取る。被害者の側が、それらの振る舞いに対して不信感を抱き、異議を申し立てる。そうするとさらに、組織の側の対応が防衛的になる。検証を担当する組織や委員会への異議申し立てであっても加害企業の場合と同様であろう。極端なケースで言えば、訴訟を視野にいれ、その経過や事実はできるかぎり被害者の側には開示しないように振る舞うケースすらあるかもしれない。そして被害者は、事故の検証から遠くに追いやられる。事故の直後の段階においては、事故がなぜ発生したのかを知りたい、その調査結果を踏まえて、再発防止策を実施してほしいと願っていた被害者は、このようなプロセスを経て、事実を知るために、訴訟を起こさざるを得ない状況に追い込まれる側面もあるのだ。

そしてそこまで到達した先では、残念ながら被害者と加害企業は敵対的な関係にならざるを得ない。事故を起こしてしまった加害企業の側も、「もう二度とあのような事故は起こしたくない、起こさない」という点については、被害者と同じ想いを抱いているだろう。加害企業の中にいる個々人が、被害者とは別の意味で、なぜあのような事故が発生してしまったのか、自分たちは防げなかったのかという苦悩を抱え続けている場合もあるだろう。しかし組織の中にいる個々人が、被害者とできるだけ真摯に向き合いたいと感じていたとしても、「訴訟」の二文字を目の前にした時、個人としてできる行動には限界がでてくる。その結果として、組織としての情報公開は更に抑制的な方向に傾いていく。

事故の検証に携わる専門家も、加害企業の側で安全業務に携わる社員も、そして被害者も、「もう二度とあのような事故は起こさない、起こしてほしくない」と決意し、そして願い続けているという意味では、「同志」と呼べる関係性にもある。そしてそのような関係性を維持しつつ、真の意味の検証を行うためには、加害企業の中の人々が、ありのままを語れる制度や環境整備が必要であると同時に、専門家から提供される「知」と、被害者の側から提供される別の形の「知」の両方が必要である。そしてこの二つの「知」は、被害者と専門家が視点を融合していくことにより、より大きな効力を発揮する。

被害者にしか語れない、社会に向けたメッセージ

そしてそれは、事故が発生した原因や再発防止策を、専門家の言葉ではなく「一般市民の手の届く言葉に回収する」ための営みであるとも言える。なぜ、一般市民の手の届く言葉に回収していく必要があるのか。それは、特に公共交通事故の場合には、一般市民の安全への感受性が向上することなしには、真の意味で事故の再発を防止することが困難であるためである。

福知山線事故では、事故の背景要因の一つとして定時運行へのプレッシャーがあったことが、指摘されている。この定時運行のプレッシャーという課題は、ＪＲ西日本という組織の課題であると同時に、鉄道の利用者である私たちがその実態を知り、そして安全のために自らの行動を変えていくことなしには、解決しない課題でもある。

都市部のダイヤは、特に通勤ラッシュ時間帯は過密な状況で運行されている。もちろん、過密ダイヤであってもトラブルなく定時で運行することが望ましい。しかし、それを過度に社会の側が要求するこ

とが、列車の遅れを取り戻すための無理な運転につながる可能性もある。それが制限速度内であっても、運転士が心理的にプレッシャーを抱えていれば、また別のエラーを誘発する恐れがあるかもしれない。その定時運行のプレッシャーという背景要因を除外するためには、加害企業であるJR西日本の側もさまざまな見直しを求められると同時に、「ある程度の不便」を社会の側が許容するような変化が求められていく。鉄道安全を担保する責任は、もちろん一義的には鉄道運行会社にある。しかし真の意味で事故を起こさないためには、私たちの社会もまた、意識や行動様式の変化を求められるのだ。

社会に届く言葉で、鉄道事業者がもつ過度な定時運行へのプレッシャーという課題を語り、事故の再発防止のためには社会の側も変わる必要があるという訴えは、専門家や鉄道運行事業者が行っても実効性はそれほどないだろう。それは無味乾燥な専門家の議論として受け止められるか、または鉄道事業者の責任転嫁として受け止められる可能性が高い。

利用者も含めた形で真の鉄道安全を考えるためには、一番厳しい目で加害企業の発言や行動を見つめ、自らのもてる時間の多くを真相の究明に費やす被害者の人々から語られる言葉、被害者自らが考えぬいた末に絞り出す言葉こそが、説得力を持つ。

事故により自らの生活を一変させられたにもかかわらず、事故の再発防止のためには、自らの位置する社会の側も安全のために変わるべきだと言及することは容易ではない。もちろんこのような言説は、被害者の全てが持てるものでもないし、また被害者の全てが持たなければならないものでもない。さまざまな人たちとの出会いや対話を通じて、そういう境地に至る被害者もいるという、ある一つの形だ。

しかし、そこから紡ぎ出される当事者の声が、事故調査報告書や報道を通じて社会の中に広がる。そういう仕方でしか広がらない、説得力をもたない言説が存在することもまた事実であろう。

そしてこの役割は、二・五人称の視点を持つ被害者でなければ、担えないのだ。

安全のための「抑止力」として

さらに付け加えるならば、公的事故調査機関（鉄道の場合であれば、運輸安全委員会）は直接的にはその任を追わないが、最終的な事故調査の目的が「事故の再発防止を図ると同時に、その組織の安全性を高め、ひいては社会の安全の構築に寄与すること」である以上、組織の中で事故の記憶（事故原因と再発防止策という情報のみならず、その結果どのような負の影響を社会にもたらしたのかということまで）が継承されていく仕組みの構築や、それを常にチェックするような体制のあり方まで視野に入れて、再発防止策をつくっていく必要がある。

もう一歩踏み込んで言えば、「あの時に、あの対策をしていれば」「あの時に、電車を止めていれば」というターニングポイントとなる場面において、被害者の存在が「抑止力」として働く可能性について、より積極的な言及がなされるべきであると筆者は考える。

組織の意思決定から現場の意思決定まで、常に安全最優先であるということは大前提である。しかし具体的な個別の意思決定の場面では、予算などのさまざまな制約のもとに、苦渋の判断として、真逆の判断が行われることもある。場合によっては現場のさまざまな調整のために工期が遅れたり、適用箇所が限定的になったりするというケースもあるだろう。事故が起こった後に振り返ってみれば、それを誤った決断であると指摘することは可能である。しかし現在進行形で物事が進んでいる中で、常に適切な判断を行うことが困難であることは、数々の事例が示している。

福知山線の事故で言えば、事故を防ぐ大きな対策となり得たATS－P（注23）は、本来であれば事故発生直前の四月一日から運用されているはずであった。それが結果的には工期の遅れにより、運用開始（予定）が二ケ月も遅れた。その先送りが決定したタイミングで、脱線事故が発生した。報告書では工期の遅れの原因を何らかの組織要因に求める結論には導かれていない。しかし一方で、もし計画通りに運用が始まっていたならば、脱線事故そのものを防ぐこともできた可能性があることもまた事実である。

本当に、工期通りに作業を進める方法はなかったのだろうか。相応のリスク対処のために設置が進められた計画なのだから、工期通りに、可能ならばより早期に完了する方法はないかと、踏みとどまって考えるような余地はなかったのだろうか。もちろん、過剰な工期重視が招くミスや事故も存在するため、それが必ずしも推奨される結論とも言いきれない。

このように安全にまつわる判断を適切に行うことは難しい。それでもやはり、結果として発生したことの重大性に鑑みれば、その「迷い」の瞬間に、「苦渋の決断」の瞬時に、「ふと、被害者の顔が、声が、思い浮かぶ」そういう形で抑止力が働く可能性はないだろうか。

語りあい続けることの意味

二〇一七年末に発生した東海道・山陽新幹線での台車の亀裂では、異音や異臭の感知があったにもかかわらず、点検がなされないままにJR西日本からJR東海に運行が引き継がれた。当該車両が脱線しなかったことは、台車の亀裂状況などからみれば、結果論でしかない。JR東海により停止させられるまでのどこかの区間で、またとりかえしのつかない大事故が発生する可能性はあったのだ。

福知山線事故後、JR西日本は安全憲章のひとつとして「判断に迷ったときは、最も安全と認められる行動をとらなければならない」と定めている。それにもかかわらずこのような重大事象が発生してしまった。

渦中にあった社員が、福知山線事故が引き起こした被害を、その教訓を忘れたわけではないだろう。鉄道事業に携わる人々が、安全運航を願い、そしてその実現のために自らの能力を日々研鑽し、そして誠実に業務に携わっていることは、一つの事実である。しかし多忙を極める、また定時運行のプレッシャーも少なくない日々の業務の中で、異変を感じ「今、止める／止めない」という判断岐路に立った時に、「もし万が一のことあったら、どうなるのか」と最悪を想定するのではなく、「たぶん大丈夫だろう（いつも大丈夫だから）」という思考に流されてしまった側面は、否定できないのではないだろうか。

加山さんは、そのような鉄道運行者の心情について、この台車亀裂が発生するよりずっと以前の二〇一二年当時、次のように語っていた。

やはり、彼らは被害の当事者でないからでしょうか。（中略）……、そのときに何かすっと、こう、（本当は安全側の判断をすべきところで、そのまま）たとえば、踏切保安係のように、遮断機をあげて通行人を通してしまったりする。そういう時に、常にそのご遺族が見てるとか、ご遺族の問いかけに答えられるような方法になっているだろうかと自分に問う。悪い意味ではなくて、いい意味のプレッシャーが続いているというのは、大事じゃないかと思います。

（中略）

安全対策がちゃんとできてるかと考えたりすることが、判断に迷いがあった時に、すごく大事なのかなと思うんです。

被害者からのプレッシャーは、時にはマイナスに作用することもある。そのこと自体を、二・五人称の視点を持つ被害者は、危惧してもいる。一方でやはり日々の業務に追われる社員が、目先の状況に流されて、必ずしも安全よりの判断をしない、またはできない可能性についても同様に危惧している。その意味で、加山さんがいうところの『いい意味のプレッシャー』は重要であると同時に、維持し続けることはそれほど容易ではない。

大切なことは、被害者の言葉を聴き続けることではないかと思う。それは、一旦事故がおこればどのような被害が発生するのかを、安全に携わる全ての人々（注24）が、常に胸に刻み続けることである。そして、安全のためになされた判断により引き起こされる「不都合や不便」を、社会の側も許容する方向へと変化していくことではないかと思う。

そのための一歩として、加害企業や安全に携わる専門家が、被害者と語り続けることは重要だ。

それにはさまざまな形が考えられる。福知山線事故で言えば、示談が終了したのちも本人の希望があれば、ＪＲ西日本は定期的に情報を提供したり、また被害者の様子や要望を聞いたりしている。ＪＲ西日本とは直接的には切り離された形で運営される相談センター(注25)では、被害者の希望に応じて、ＪＲ西日本の社員ではない専門職（臨床心理士やソーシャルワーカー）による面談や、情報提供も行われている。また、被害者同士がつどう場としても使われており、ＪＲ西日本の社員がそれらをサポートする体制があるため、被害者と社員が顔をあわせる機会もある。社員研修施設である鉄道安全考動館では、資料や展示物（当時の事故現場での対応等にあたった社員の語りを含む）の他にも、講話という形で社員が、被害者の話を直接聴く機会もあるという。その他にも、次章でふれる「少人数の場」の取り組みなどにより、被害者の「今」を、社員が聴く機会もある。

このような取り組みは、「被害者を支援する」もしくは「事故を忘れない」という直接的な目的よりはむしろ、ＪＲ西日本の社員自らが所属する企業が犯してしまった「罪」を今一度見つめ直し、社員一人一人の判断が場合によっては、これだけ多くの人々の人生を狂わせること、そしてそれが長い時間が経過したのちにも続く苦しみであることを胸に刻むことにつながる。そしてそれが、いざという時の判断につながってくる可能性はあるのではないだろうか。

事故の検証にかかわるべきなのは「誰」なのか、改めて

筆者はここまで、被害者が検証にかかわることの意味について、記述してきた。しかし一方で、被害者が常に事故の検証にかかわるべきとは言い切れない、とも考えている。筆者がさまざまな被害者の話を聴く限り、被害者とよばれる人々が自らの強い想いをいったん脇におき、二・五人称の視点をもつことは、それほど容易ではない。事故からの時間、同様の事故の被害者との出会いを通じて自らの経験を客観視する機会、被害者自身が一定程度の心身の回復に至るまでの十分な社会的支援、その他にもさまざまな状況が整うことが不可欠である。その意味で、全てのタイミング、全ての事故で二・五人称の視点をもつ被害者がうまれるとは言えないのである。

しかし一方で、その事故の検証がおかれた文脈によっては、被害者の直接的な参加が重要な意味をもつ場合もある。

福知山線事故では、第二章でも述べた通り、この事故の調査にあたっていた航空・鉄道事故調査委員会（当時）の委員からJR西日本社長に対して情報の提供がなされ、また同社長の依頼により、委員会において委員が報告書案の一部修正を求める発言をするといういわゆる情報漏洩問題が発覚した。この情報漏洩問題の検証委員会（「運輸安全委員会福知山線脱線事故（情報漏洩問題に係る）調査報告書の検証委員会」）には、専門家のみならず、遺族や負傷者、その家族といった被害者自らも委員として、その検証に参加した。これは、第三者性をもって事故調査にあたる公的機関（専門家機関）である「航空・

鉄道事故調査委員会」の委員による情報漏洩という事態の深刻さの裏返しでもある。航空・鉄道事故の「専門家」に対する極端な信頼低下という文脈では、別の形の第三者（専門家）による検証のみならず、この問題について最も厳しい目をむける被害者自らが、その検証にあたるしかなかったのである。

結果として、情報漏洩問題の検証委員会は、「（この情報の漏洩やそれを受けた委員の発言により）報告書の当該部分が修正されることはなかった」との結論を出した。被害者自らが、丹念に検証作業にかかわり、それでもなお、情報漏洩そのものは深刻な問題であったが、問題とされた委員の行為が報告書の内容を歪めることはなかったと判断したのである。

事故の検証は、無条件に第三者（専門家）が行うべきであるという前提に立つのではなく、まずはその検証がどのような文脈で、どのような目的で行われるのか、ということから問い直されなければならない。その結果として、即時性が求められる検証や、専門的・技術的な内容が中心となる検証の場合は、専門家主導で行うことが適切であると判断されるだろう。その一方で福知山線事故のケースのように、そもそも検証のあり様や専門家に対する不信感が根強い場合には、被害者自らが直接的に検証にかかわるという方法もあり得る。

また、どのような文脈に置かれる場合であっても、ここまでに述べてきたさまざまな理由から、「被害者の視点」をどのように調査に組み込むかという点は、常に吟味されなければならない。

公共交通安全とは分野を異にするが、科学史という専門性から原子力政策の問題点を検証し、市民による脱原発運動の理論的支柱の一人であった故・吉岡斉は、自らが長年携わってきた原子力政策にかかわる立ち振る舞いを振り返りつつこう述べていた（注26）。「自分がこれを大切だと思うことに対して返り血を浴びる覚悟で進んでいくこと、それこそが当事者である。自分は選択して当事者になろうとして来た。」この言葉を聞いた時、筆者は、専門家なのか、被害者なのかという線引きではなく、どのようなかかわり方からその問題の当事者になろうとするのか。これこそが、誰が事故の検証にかかわるべきかを決める一番大切な視点だと考えるに至った。その当事者であろうとする姿勢という意味で、被害者は専門家にも劣らない知見を、事故原因の究明や再発防止策立案の現場に持ち込む可能性を秘めているのである。

注

注1：当然のことながら、「被害者」は多様であり、また一人の被害者の中にもさまざまな感情や思考が存在するため、その像を定式化することは困難である。本書で具体的な言及なく「被害者」と記述する場合には、実際に事件や事故に巻き込まれた被害者本人や、その家族（遺族の場合もあれば、負傷者の家族の場合もある）を念頭に置いているが、それもすべての被害者に共通とは言いきれない。

注2：本書で引用する発言の多くは、二〇一一年一〇月〜二〇一二年三月にかけて実施したインタビュー結果を基にしている。収録にあたっては、それ以後の活動の中での参与観察記録や、空色の会定例会の発言録なども参考にした。また、二〇一八年八月〜一一月にかけて追加のインタビューを行っている。当時の発言内容からの心情や考えの変化も含めて記述している。

注3：社会的責任を果たそうとする被害者の元には『どんなに調べてももう亡くなった子どもは帰ってこない』『自分は関心ないというか、むしろ何かするとつらくなるから、もういい、かかわりたくない』という言葉が他の被害者から寄せられることもあるという。本章で発言を多く引用した加山圭子さんは、自らは知りたいと考え行動するが、『事実を知っていけば知っていくほど、会社の問題であるとか、いいかげんさであるとか、人間関係の複雑さも見なくてはならないと思います。それを見るのはつらいものだと思います。そんなことの犠牲に

なったのか……と。（中略）むしろそういったものに、切り込んでいく方が自分の傷も深くするようなところがあるかもしれません。』と語っている。

注4：信楽高原鐵道事故の遺族や弁護士を中心として、一九九三年八月八日に設立されたTASKは、事故調査や被害者支援の仕組みができて一定の成果が得られたことなどから、二〇一九年六月二三日もって解散することが決定している。

注5：米国におけるNTSB（鉄道、航空、船舶、高速道路、パイプライン、危険物輸送にかかわる事故を対象）、フィンランドにおけるFAIB（鉄道、航空、船舶等）、カナダにおけるCTSB（鉄道、航空、船舶、パイプライン）に代表されるように、二〇〇〇年代前以前の段階で、航空・鉄道・船舶を中心とした公共交通に関する事故全般を対象とすることが海外では主流であった。

注6：二〇〇〇年三月八日、営団地下鉄日比谷線の北千住発菊名行きの車両が、中目黒駅前のカーブで脱線した。そこに東武鉄道の中目黒発竹の塚行きの列車が走行してきて、脱線車両に衝突した。この衝突により、死者五名、負傷者六三名の犠牲者が出た。

注7：これらの動きは、福知山線事故に関する情報漏洩問題に関する検証委員会でも議論され、また二〇〇九年から始まった消費者庁の事故調査のあり方検討会等との動きとも重なり、被害者の視点にたった事故調査のあり方や被害者支援のあり方に注目が集まるようになっている。

注8：国際海事機関（International Maritime Organization: IMO）において、船舶事故における原因究明と懲戒手続きの分離が定められたことを受けての対応である。

注9：全国被害者支援ネットワークについては、ウェブサイトを参照のこと。https://www.nnvs.org（二〇一九年二月二〇日現在）

注10：福知山線事故の場合には該当しないが、鉄道事故、特に踏切事故の場合には、第三者の目撃情報がない、少ないなどの理由から、被害者の側の過失が追及されるケースもある。法的に追及されない場合でも、「勝手に踏切に入ってしまった」「危険な状態で踏切を渡ろうとした」という推測のもとに、被害者であるにもかかわらず、周囲から加害者であるかのような取り扱いを受け、二重の被害に苦しむケースも少なくない。以上のような状況を踏まえ、加山圭子さんは、調査により事故原因を追求する仕組みを構築することは、鉄道の安全性を向上させるのみならず、亡くなった方の名誉や尊厳を守り、残された遺族が、自らを責めすぎず新しい生活を再建して行くことにもつながると指摘している。

注11：シンポジウム「被害者視点で考える、安全で安心できる社会（二〇一一年一月二九日　於：兵庫県川西市パレットかわにし）」での柳田邦男氏の発言を参考とした。筆者は、同シンポジウムにおいてファシリテーターを務めている。また本章の記述においては、同シンポジウムでの議論の内容を参考としている。

注12：被害者の考え方も一様ではない。本章で述べるように被害者の社会的責任を強く自覚し、積極的に活動する被害者もいる一方で、活動

に係わっていても強く社会的責任を自覚しているわけではないと話す被害者も存在する。本章では、被害者としての責任を意識し、発信しようとする強い想いを持つ人々を中心に記述していることを付記する。

注13：例えば大阪教育大学附属池田小学校無差別殺傷事件（二〇〇一年）などにおいても、その遺族の手記などで同様の記述を確認することができる。

注14：この最後の乗車位置を確認するための情報交換会の実施については、負傷者側の中心的役割を担った小椋聡さん、小椋朋子さんの著書「小椋聡、小椋朋子（二〇一八）JR福知山線脱線事故からのあゆみ　ふたつの鼓動、コトノ出版舎」に実施に至る経緯や、具体的な内容についての詳しい記述がある。

注15：福知山線脱線事故・事故調査報告書（http://jtsb.mlit.go.jp/jtsb/railway/bunkatsu.html　二〇一九年二月二〇日現在）には、サバイバルファクターに関する記述は、警察情報に基づいて作成した（一部は当委員会が得た他の情報により追加等を行った）とされている。詳細については報告書を参照のこと。

注16：のちに、鉄道事故の調査範囲の拡大が行われ、鉄道係員の取り扱いの誤りや、車両もしくは施設の不備などの再発防止を講じる必要が高いケースについては、死傷者が五名以下であっても調査をするようにルールが改定されている。現在は、上記の条件には、死者一名以上が加えられた。

また加山さんは、二〇〇八年以降ほぼ毎年、運輸安全委員会と国土交通省に事故調査のあり方や安全対策について要望書を提出し続けている。この要望書の中で加山さんは、関係機関の尽力により改善している点があることへの感謝にも言及しつつ、根本的な踏切事故の再発防止のために、踏切で起きた死亡事故については、すべて運輸安全委員会において調査することを要望している。

注17：http://tomosibi.blogspot.com（二〇一九年二月二〇日現在）

注18：二〇〇七年五月五日、大阪万博記念公園に隣接する遊園地（エキスポランド）において、立ち乗り型のジェットコースターが走行中に脱落、一人の乗客が保守用通路の手すりに頭部を強打して死亡した事故。事故後、二〇〇八年八月に営業を再開したものの、二〇〇九年二月には遊園地の閉園が決定された。

注19：福知山線事故では、事故原因の究明や再発防止策の立案ついて、遺族と加害企業による協働の取り組みが行われている。福知山線事故遺族（四・二五 ネットワーク）の呼びかけにより、遺族とJR西日本が共同で実施した福知山線列車脱線事故の課題検討会と、その後に続く安全フォローアップ会議では、福知山線列車事故に関するJR西日本の組織としてのかかわりと、その問題点を明らかにすると同時に、今後の安全管理のあり方について一歩踏み込んだ形での提案がなされている。詳細は、安全フォローアップ会議報告書（https://www.westjr.co.jp/safety/fukuchiyama/followup/：二〇一九年二月二〇日現在）を参照のこと。

注20：日本災害情報学会二〇周年記念大会・日本災害復興学会一〇周年記念大会合同大会 記念シンポジウム「災害における『検証』とは何か?」（二〇一八年一〇月二六日　於東京大学本郷キャンパス）における安部誠治氏（関西大学）発表資料による。

注21：裁判による責任追及の考え方は、当然のことながら被害者の中でも多様である。本文で記述したような考え方がある一方で、司法制度の改革により、真の意味での再発防止を実現しようとする被害者もいる。企業の意思決定は、複雑な指揮命令系統や仕組みにより成立している。そのため、極めて重大な事故を引き起こした企業の責任者であっても、個人の刑事責任しか問うことができない現状の司法制度では、その責任を法的に問うことはほぼ不可能である。このような現状の司法制度がもつ課題に目を向け、組織罰（組織の要因も含めて事故原因を明らかにし、法的な組織責任を問う）という概念を取り入れることで、同じような事故を二度と起こさない社会をつくろうとする被害者やその支援者もいる。

本書ではその詳細については触れないが、詳細については「組織罰を実現する会」のウェブサイトを参照のこと。http://soshikibatsu.jp（二〇一九年二月二〇日現在）

注22：二〇一一年一〇月に提訴された諏訪市武津踏切裁判を念頭においた発言である。

注23：自動列車停止装置（Automatic Train Stop: ATS）は、三河島事故（一九六二年）を契機として、停止信号を無視した列車を制御することを目的として開発・導入されたシステムである。この装置は一定の効果をあげたものの、運転士が確認行為を行うと非常ブレーキの作動が解除されてしまうため、運転士の思い違い等による事故を防ぐことができないという欠陥を有していた。ＡＴＳ－Ｐはこの欠点を補う機能を有し、地上からの停止信号の情報を受けた後、その信号の手前で停止するための速度パターンを車上の装置が計算し、この速度パターンと実際の車両の速度を照らし合わせて、実際の速度が速度パターンの速度よりも早い場合にはブレーキが作動し、停止信号の手前で停止させる仕組みである。これにより、運転士の思い違いによるエラーや、突発的な病気による操作不能等が発生しても、列車を確実に停止させることができるようになった。（ＪＲ福知山線事故に関する情報漏洩問題に関する検証委員会報告書における記述を元に筆者が作成）

注24：安全に携わる全ての人々とは、安全担当者や、現場で直接的に安全業務に携わる社員のみを指すものではない。本書で示してきたような公共交通に関する企業をはじめとして、電力会社・医療組織・食品関係企業・建築土木関連企業等、人々の安全を守る使命を有する企業に属する人たちは、経営層はもちろんのこと、財務や人事などの一般的な事務部門の社員も含めて、「安全に携わる人々」であると筆者は考えている。

注25：被害者の希望に沿う形で、二〇一一年五月より、ＪＲ西日本社員ではない専門職が、被害者の話や要望を聞き、その調整を行う機関として設置されている。面談の他に、被害者の自主的な活動（被害者同士が話す場づくりや、鍼灸の体験など）が行われる場としても機能している。

注26：ダイアローグ研究会――環境・社会と科学の対話を考える　異なる立場から原発の安全を探る（二〇一二年四月一六日　於：明治大学）での発言。

第四章　対話を通じて「事故現場」のあり方を考える

1　事故現場保存までの経緯

福知山線事故現場とは

福知山線事故の発生から今春で一四年が経過する。福知山線事故と言葉にすれば、その事故を覚えていることを「あぁ」という表情で示す人は少なくない。しかしその後に、事故現場となったマンションが、今現在どのような状況にあるのかを問うと、「ふつうに人が住んでいるんじゃないんですか？」と言う人もいれば、「あのマンション、まだあるんですか？」と問い返す人もいる。その記憶が曖昧と言うよりは、そもそもそのマンションが現在どのような姿であるかを、考えたことがない人がほとんどだ。

電車が衝突した分譲マンション「エフュージョン尼崎」。このマンションは、JR西日本が事故後に区分所有者から買い取り、そのすべてを所有することになった。そして事故から約一〇年の間このマンションは、一両目車両が衝突した駐車場部分の一部と屋外駐車場ピットが撤去され、一部、耐震壁の補強工事が行われた以外は、当時の姿のまま同じ場所にあった。

この事故現場をどのように整備していくかは、所有者となったJR西日本が、遺族や負傷者、その家族等の意見を聞きつつ決める他なかったが、その決定までには長い時間を要することになった。マンションが、一〇年以上にわたって当時のままの状況であった理由にはいくつかのものがあるが、その大きな理由のひとつは、被害者の間に相容れない意見が存在していたからであった。

最初の一歩

ＪＲ西日本は、四月二五日の追悼慰霊式の他に概ね毎年一回は、事故後の安全性向上の取り組み等について、被害者（遺族と負傷者は別に実施）に説明する場を設けている。その説明会の場でＪＲ西日本が「事故現場のあり方についての検討を進めたい」と正式に表明したのは、事故から六年余がすぎた二〇一一年秋のことであった。この段階では、検討を進めることを了承いただきたいということに説明が限定されており、具体的にどのような形で整備するのか、いつまでに決定するのかなどの詳細については、まったく白紙の状況であった。

写真６：事故現場整備前のマンション
（提供　坂井信行氏）

その説明会の後ＪＲ西日本は、二〇一二年一月の「第一回お伺い」において、幅広く被害者（遺族および負傷者とその家族など）の事故現場に関する意向確認を行っている。この段階では、特定の項目についての意見を聴くというよりは、被害者が事故現場について何を感じているのか、どのような形での整備を望んでいるのかについて、自由に意見を述べてもらう形式であった。二〇一二年六月（第二回お伺い）では、「第一回お伺い」の意見をふまえて、JR西日本の考えを示した上でさらなる意向伺い（注1）が行われている。この意向伺いでは主にJR西日本が

- 慰霊碑等の設置について：事故現場に慰霊碑や慰霊のためのモニュメントを設置すること。
- マンションのあり方について：マンションを見ると事故を思い出して辛いという被害者の意見や周辺住民の気持ちに配慮できるよう、何らかの方法で周囲から見えないようにして、マンションの一部（例えば、列車が衝突した一階駐車場部分と屋外駐車場ピット）を保存すること。
- 事故現場を安全につながる場所としていくことについて：安全につながるものとするため、事故現場に、資料や遺族等から寄せられた品々（故人に捧げる手紙や、タペストリーなど）を保管・展示すること、またJR西日本社員が学ぶ場を設けること。
- その他の整備の方向性について：植栽や植樹を行うなど厳粛な雰囲気を確保しつつも、穏やかに過ごせる空間として整備すること。

の四つを考えていることを示した上で、これらの方向性についてどのように感じるかについて、被害者の意向を確認している。

相容れない声と、どう向き合うのか

検討がスタートする前から想定されていたことではあったが、この二回の意向伺いを経てより鮮明になったことは、そのいずれの項目においても、被害者の間で相容れない、直接的に言えば真っ向から対立する意見が存在するという事実であった。

慰霊碑は必須であるという意見がある一方で、慰霊碑は作らない方がよいという意見があった。

事故現場の象徴となっているマンションにはいっさい手を付けず、マンションは全て残すべきという意見がある一方で、事故を思い出して辛いので一日も早く更地にしてほしいという意見もあった。またそこには、一両目の車両を事故当時の姿で残してほしいという意見もあれば、亡き人を偲ぶ場に悲惨な車両をおいてほしくないという意見も存在した。

社員が学ぶ場としての機能をもつことに、意義を感じる被害者がいる一方で、あの場所は慰霊の場であり、学ぶ場ではない（あってほしくない）という意見もあった。資料や寄贈された品は、別の場所（JR西日本の社員教育施設の一つである鉄道安全考動館）で展示してほしいという声も根強く存在した。

事故現場の公開についても、見世物にはしたくないので非公開にしてほしいという声もあれば、多くの人がお参りできる場にしてほしいという声もあった。原爆ドームのように負の遺産として保存し、広く公開することを強く望む被害者がいる一方で、家族が亡くなった場所は見たくない、誰にも見てほしくないという被害者もいた。

事故現場の保存が、具体的な「もの」を形として示す行為である以上、これらの全ての意見に直接的に沿う形で、マンションを残す（もしくは撤去する）ことはできない。どのような形を見出しても、被害者のすべてが、納得する解を見出すことは困難だ。そしてそればかりではない。事故現場は、周辺に学校や住宅が存在する住宅地の中にある。被害者の方々の気持ちを最優先に考えてほしいと語る地域住民が少なくなかったというが、それでもやはり、線路脇にそびえ立つこのマンションを視界に留めながら、生活していくことの精神的負担は無視できない。

このように両立させることが難しい、しかしそのどれをもおろそかにすることができない意見が寄せられる中で、事故現場のあり方検討はスタートした。

検討プロセスの概要　――基本的な考え方の策定（二〇一二）まで

最初にJR西日本が事故現場の整備を進めることを表明してから、その計画を決定する二〇一五年三月までには、三年半の月日を要している。

時期によって少しずつ異なるがこのプロセスは、基本的には、①アンケート形式の意向伺い（郵送及び戸別訪問）をふまえてJR西日本が事故現場のあり方を検討し、②説明会においてJR西日本がその考え方を説明し、さらに③被害者個々人のより細やかな意見を聞き取るために個別説明や「少人数の場（後述）」を行い、それらをふまえて具体化していくという形で進んできた。その概要については、表1

表1　事故現場の整備に関する検討プロセス

年	月		JR 西日本による説明や、被害者からの意向聴取、および説明会の実施内容
2011	11		説明会：事故現場のあり方について検討を進めたい旨の説明
2012	↓	1	アンケート（第1回お伺い）→個別の説明などを経て5月に結果を報告
		6	アンケート（第2回お伺い）→個別の説明などを経て9月に結果を報告
	11		説明会：基本的な考え方、整備イメージの説明
2013	↓	2	アンケート（第3回お伺い）→個別の説明などを経て7月に結果を報告
		↓	個別の説明や意見のお伺い
		9	「少人数の場」（合計2回実施）
	11		説明会：基本的な考え方を説明、4つのイメージ図を提示
	↓	12	アンケート（第4回お伺い）→個別の説明などを経て翌年5月に結果を報告
		↓	個別の説明や意見のお伺い
2014		2	「少人数の場」（合計3回実施）
	7		整備案の説明：意見をふまえた整備案の説明
	↓	↓	個別の説明や意見のお伺い
		9	「少人数の場」（合計4回実施）
	11		説明会：最終案を説明
	↓		個別の説明や意見のお伺い
2015	3		整備計画の決定

に示すとおりである。

二〇一一年一一月の説明会において、事故現場のあり方について検討を進めたい旨の説明があった後、前述の二回の意向伺いを経て二〇一二年一一月の説明会では、JR西日本として考える事故現場のあり方が説明され、整備概要が提示された。

ここでは、

•事故現場全体について：事故現場全体を「慰霊と鎮魂の祈り」「安全への願いと誓い」の場所と捉え、木々に囲まれ、厳粛で落ち着きのある「祈りの森」といった空間となるように整備したいと考えていること。

•慰霊碑等の設置について：事故現場に慰霊碑や献花台を設置したいと考えていること。ただし、形状については何も残さないでほしい等の意見があることをふまえ、大掛かりなものにならない方向で検討すること。また、慰霊碑や献花台は列車がマンションに衝突した場所に向かって手を合わせられるような場所に設置すること。

•マンションのあり方について：事故の悲惨さや安全の大切さを後世に伝える証として、マンションの一部、屋外駐車場ピットおよび線路脇の車輪痕を現地に保存したいと考えていること。加えて、マンションを見ると事故を思い出してつらいという被害者の声や、周辺住民の気持ちにも配慮し、できる限り周囲から見えない形で保存したいと考えていること。

•事故現場を安全につながる場所としていくことについて：事故を後世に伝えていくという観点から、

事故現場に残る事故の痕跡に加えて、事故の事実を示す資料（パネル、新聞記事等）を保管・展示したいと考えていること。事故現場で、JR西日本社員が安全を誓う取り組みを継続したいと考えていること。基本的には誰でもお参りできる場所とした上で、被害者が周囲を気にせずお参りできる環境を整備したいと考えていること。

の四つが説明され、具体的なイメージ図こそ提示されていないが、二〇一一年の意向確認で示された内容より一歩踏み込んだ形で、JR西日本として考える事故現場のあり方が示されている。

検討プロセスの概要　――四つのイメージ図提示（二〇一三秋）まで

二〇一三年秋になって初めて、基本的な考え方が「イメージ図」を伴った形で提示された。特に大きく進展したのは、マンション保存のあり方についてであった。

二〇一二年秋の説明会の後に意向伺い（第三回お伺い）が行われ、さらに夏から秋にかけて、個別の訪問などを含めた意向伺いが行われた。それらをふまえた上で、二〇一三年一一月の説明会においてJR西日本は、マンションの保存について「全て撤去すべき」から「全て保存すべき」まで幅の広い、同時に成立させることが困難な意見が存在する中、マンションの全てではなく、列車が衝突した際の痕跡が残る部分（マンション二階までと屋外駐車場ピット周辺）を保存したい旨を明らかにした。

またこの段階では、マンションを囲む方法についても、はじめてイメージ図を伴った形で提示された。

具体的にはマンションの一部保存を念頭に、事故の痕跡が残る部分を

- 屋根・壁のみで囲う（慰霊碑付近から直接見える）
- 屋根・壁に加えて、植栽で自然に囲う（植栽越しに見える）
- 建物で囲う（ガラス越しにぼんやり見える）
- 丘で覆う（全く見えない）

の四つのパターンで囲うイメージ図が提示された。

その説明の中でJR西日本は、「全て撤去すべき」「全て保存すべき」という声が一部には根強かったことについても触れ、検討過程においてその両方の選択肢も含めて検討した経緯を、イメージ図を添付して説明している。

その上で特に事故現場には何も残してほしくないという強い要望をふまえた上でも、亡くなった方々の冥福を祈り、また事故を風化させずに安全を構築していくためには、事故の事実を伝えるものを現地に保存することが必要であるという考えに至ったこと。また、事故当時のままでは電車に乗れない、マンションを見ると事故を思い出してつらいといった意見に配慮すると同時に、マンションの長期保存を考慮すれば、何らかの形でマンションを囲う必要があると考えたこと。そう考えた場合、マンションを全部保存した上でその外部に囲うための構造物を設置すれば、非常に大きく人工的な建物とせざるを得ないこと。それらを勘案した上で、マンションの全部保存ではなく、一部保存が良いと考えたことを説明している。

加えて、マンションの保存のあり方については、さまざまな意見があることも認めた上で、直接意向に添うことができなかった意見などについても、何らかの形で気持ちに応えられるように、検討していることを明らかにしている。

検討プロセスの概要　——整備案の提示（二〇一四夏）まで

二〇一三年秋の説明会の後、再度の意向伺い（第四回お伺い）が行われ、具体的な整備案（最終的な整備計画に近い状況）の提示が行われたのが、二〇一四年夏のことである。この段階では事故現場が、遺族・負傷者・JR西日本とその社員にとって、どのような場所であるかを位置づけた上で、「慰霊・鎮魂」と「安全構築のための原点として」事故現場を整備していくことを明示した上で、これまでのイメージ図からさらに一歩踏み込んだ形で、具体的なマンションの減築案が提示されている。

マンションについては、脱線や衝突の痕跡が残る部分については四階の高さまで、救出・救助活動が行われた場所として一階についてはその全てを保存する案が示された。また、雨などによる劣化を防ぐための屋根や壁の設置についても、具体的な図を使ってそのイメージが示されている。

さらにより具体的な考え方が示されたのは、それぞれの位置からの「マンションなどの見え方」についてである。マンションについては前述の通り、隠すべきではない（見えるようにするべき）という意見と、二度と見たくない、見るのはつらいという、相容れない意見が存在した。二〇一三年秋ごろまでに提示されていたイメージは、マンションそのものの保存についての考え方のみであったが、相容れない意見をできる限り尊重する方法を模索した結果、次のような形で、それぞれの場所に応じたマンションの見せ方（もしくは囲い方）が提案された。

1．広場・慰霊碑とマンションの間に植栽を配置し、広場・慰霊碑付近からは、植栽越しにぼんやりとマンションが見える程度にとどめる（お参りをする際にマンションを見たくないという意見を尊重）

2．植栽の後ろ側に回ると、直接マンションが見える（隠すべきではない、見えるようにするべきという意見を尊重）

3．事故列車が衝突したマンション北側には壁を設けず、直接マンションが見え、衝突場所付近でもお参りができる（隠すべきではない、見えるようにするべきという意見を尊重）

4．事故列車が衝突したマンション北側には壁を設けず、福知山線に日々乗務する運転士からも直接マンションが見える（運転士からはマンションを見えるようにすべきという意見を尊重）

5．線路に面したマンション西側には壁を設置し、列車内の乗客や周辺住民からは直接マンションが見えない（マンションが見えると電車に乗れないという意見等を尊重）。

その一方で、線路側の壁の最下部は囲わずにマンションと線路との空間的つながりを確保（線路上で救出され、線路こそが自らにとっての事故現場であるとする意見を尊重）。

6．事故現場への出入り口となり、公道に面している南側には、生垣や植樹を設け、外から直接マン

ションが見えないようにする（落ち着いた形でお参りがしたいという意見に配慮）

このように可能な限り、相容れない意見を尊重した形でつくられた事故現場の整備案であったが、いずれにしても「マンションの一部保存」という選択をとる以上、「全て撤去すべき」もしくは「全て保存すべき」という意見を汲み取ることはできない。それに対しても、ＪＲ西日本は「全て撤去すべき」「全

写真7：事故現場整備後のマンション北側部分
写真右側が線路
（提供　朝日新聞社）

写真8：事故現場整備後の全景
事故車両は写真下部方向より進入し、マンションに激突した。
（提供　朝日新聞社）

て保存すべき」という意見の背景にあるその理由も考慮した上で、どのように進めていくのかについて、繰り返し説明している。またこの段階ではじめて、慰霊碑のあり方等についても、説明がなされた。

検討プロセスの概要　――整備計画の決定（二〇一五春）まで

この後、個別の意見伺いなどをふまえて、二〇一四年一一月の説明会では最終案が提案された。この最終案は、二〇一四年七月に提示された事故現場の整備案に対して寄せられた意見をふまえて、さらにどのような見直しを行ったのかについても説明が加えられている。具体的には、マンション周辺がより明るく開放的な空間となるように、マンションを覆う屋根に明かりとりを設けること、線路側に設ける壁については列車内や周辺住民からの見え方に配慮しつつも、運転士がより事故現場を意識できるように一部を透明ガラスにするなどの変更がなされた。

加えて、事故の概要などを記す碑、亡くなられた方の名前を刻む碑（注2）を設けることについても、JR西日本としての案を提案し、最終的には、二〇一五年三月に整備計画が決定された。

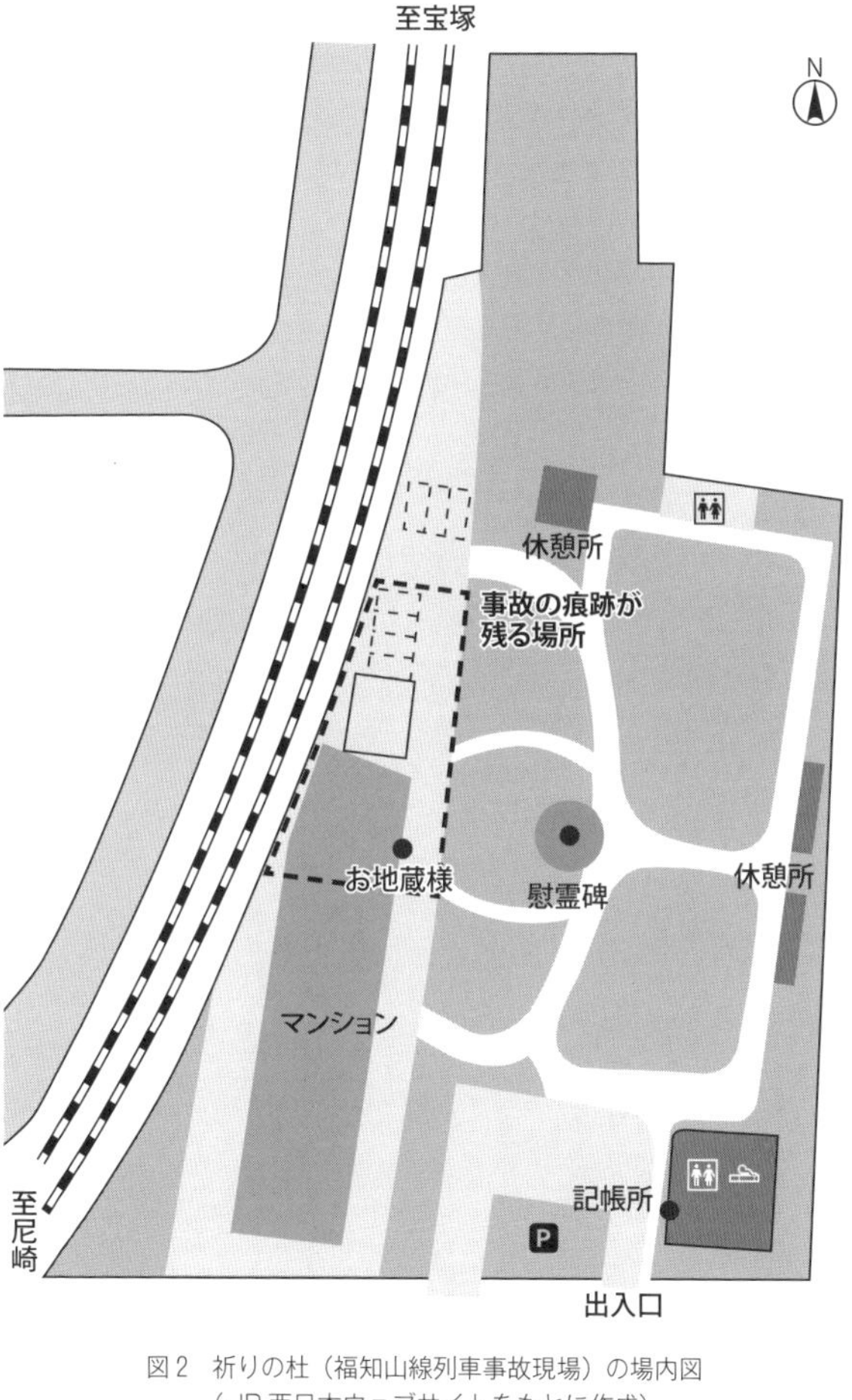

図２　祈りの杜（福知山線列車事故現場）の場内図
（JR 西日本ウェブサイトをもとに作成）

2　何が問題となるのか、何が必要なのか

鎮魂の場としての事故現場

ＪＲ福知山線の事故に限らず、事故や災害において人の命が奪われた場所、また多くの人がその後の人生を変えざるを得なかった場所は、「慰霊・鎮魂の場」と「事故や災害の記憶を風化させずに伝え、安全を誓う場」という二つの意味において位置づけられる場合が少なくない。

この両方が、事故や災害の現場にとって重要な意味をもつこと、そのものについては大きな異論はないだろう。しかし、それが具体的な建物や施設をどのように保存するか（撤去するか）、という議論となったとたん紛糾する。これは、東日本大震災の被災地における災害遺構をめぐるさまざまな葛藤についても同様であろう。

大切な人が亡くなった場所で、心穏やかに祈りたい。故人を偲ぶ場であってほしい人にとっては、傷跡が生々しいままに事故現場が保存されることは許容しがたい。現場を見るだけでも辛いので撤去してほしい、家族のなくなった場所は残してほしくないという想いは、大切な人が突然の事故でその命を失わなければならなかった不条理を考えれば、当然のものであろう。

また負傷者の中には、事故現場は、亡くなった方々を慰霊しつつ、皆さんの分まで頑張って生きてい

ますと報告できる場であってほしいと語る人もいる。第二章で詳述したように、亡くなった方々や遺族に対する負傷者の想いは複雑である。そのため事故現場へのあり方の要望は、自らが助かったことへの罪悪感とセットで表現されることもある。しかし一方で『あの日あの場所にいて、事故を経験したのは、亡くなった方々と負傷者である私たちだ』という言葉とともに、負傷者にとっての事故現場への意味を強調する人もいる。事故現場は負傷者にとっても大切な場所であり、自らの人生に大きな影響を与えた場所として、強い想いを寄せる場でもあるのだ。

安全を誓う場としての事故現場

風化を懸念する被害者からみれば、事故や災害にあった建物を解体撤去する、もしくは減築するということは、風化の速度を速めるような、また被害そのものを矮小化されるような心の痛みを伴う行為でもある。また、どのような事故や災害であっても、単に情報や知識を伝えるだけではその被害や教訓は伝わりにくい。現場に立ち、実物を見ることでしか伝わらない学びがあることは、多くの識者が指摘する通り（注3）である。その意味では、事故現場がその悲惨さを伝える形で保存され、そして社会に開かれていくことには大きな意味がある。

一方で、ＪＲ西日本の社員が事故の重要性を認識し、改めて安全を誓う場として事故現場を整備することに違和感を示す、もしくは明確に反対する被害者もいる。あくまでも事故現場は、個人を偲び、冥福を祈る場所であると考えれば、ＪＲ西日本の社員が「学ぶ」目的で現場を整備することはふさわしくないとする考えもまた、当然のものであろう。

また場合によっては、事故の教訓を活かすことを最優先に考えるならば、「事故現場を保存することを重視しすぎるがあまり、安全対策に割かれるリソースが削がれることがあってはならない」という指摘が、被害者自らからなされることもある。

このように、何を大切に想うかということと、「選択肢」として提示される保存のあり方は必ずしも一致しない。その意味で、形あるマンションをどのように整備していくかという目に見える結果以上に、それらの意見の背後にある想いや意図を丁寧に読み解いていくことは、重要である。被害にあった方々の心身の傷を少しでも癒やすこと。自分の大事な人が命を落とさなければならなかった、その人生を変えざるを得なかったことの意味を問い直す時間を用意すること。それらを経て被害者自らが、もう誰にも二度と同じような想いはしてほしくないと考え続ける先に、事故現場をどのように保存するかという形が見えてくるのである。

丁寧なプロセスをふむ

事故現場の保存検討にあたっての大きな特徴の一つは、最終的な決定はマンションおよび敷地の所有者であるＪＲ西日本が行うことを明示した上で、その検討を段階的に行い、決して性急な形では結論を出さなかったことにある。

　ＪＲ西日本が事故現場のあり方について検討を進めたいと意思表示した二〇一一年一一月から、最終的に整備計画が決定された二〇一五年三月までに、約三年半の月日が費やされた。全体説明会での説明が四回、アンケート形式の意向伺いが四回、加えて説明会に参加できなかった被害者や説明会では発言しにくいという意向を示した被害者、また特に強い意向を持つ被害者の元には、ＪＲ西日本の社員が足を運び、直接意見を聴くなどの機会を何度も設けたという。

　もちろんこのような丁寧な、言い方を変えるとゆっくりと進むプロセスについて、遅すぎるという批判がなかったわけではない。特に高齢の被害者の場合には、いつまでもお伺いや検討を行うのではなく、早く整備を進めてほしいという強い意見もあった。一方で高齢の被害者の中には、自分の命がある間は、そのままにしてほしい（整備を進めないでほしい）という意見もあったという。

　全てを保存するという選択肢を取らない限り、一旦事故現場の整備工事が進めば、後戻りはできない。そのことを考えれば、この事故で影響を受けた多くの人々の意見を丁寧に聞き、一つ一つ段階を追って進めていくプロセスは重要であった。

「できない」ことへの説明

　そのプロセスの中でＪＲ西日本は常に、意向に沿うことができなかった意見についてどのように吟味したのか、その上でなぜその意見には添えないと判断したのか、についての説明を詳細に行っている。特にマンションの一部保存という考え方を提示した、言い換えるならば「全て撤去」「全て保存」という意向に添えないことを伝えた二〇一三年一一月の説明会において、一部保存という考え方に至った理由を詳細に説明したことは、前述の通りである。

その後も、二〇一四年夏（資料の送付と個別説明）、二〇一四年一一月（説明会）、二〇一五年三月（整備計画の決定）に配布された資料の中では常に、最終的には直接の意向に添うことができなかった意見などについても、なんらかの形で応えることができないかについても、検討していることを示している。

後述するように、この事故現場整備の検討過程において筆者は、負傷者やその家族とJR西日本の担当者が、膝詰めで話す場の進行役という立場でかかわってきた。そのため、事故現場の整備についての検討過程で、JR西日本の担当者が何を悩み、何を大事にすべきと考えているかを仄聞する立場にあった。JR西日本の担当者らが一番悩んでいたポイントの一つは、この「直接的には意向に添うことができない意見」にどう向き合うかということであったと筆者は考える。

一部保存の意見を述べる被害者が「どちらかというと……」「……でよいのではないか」「あえていうならば……」「……してほしい」という言葉でその意見を語るのに対して、「全て撤去」「全て保存」の意見を述べる被害者は「反対である」「……すべき」「……は認めない」など強い口調でその意見を述べていた。つまり、結果として意向に沿うことができなかった「全て撤去」「全て保存」という意見は、数として大きいとは言えなかったものの、一部保存を容認する声と比較すれば、強い想い入れを示す意見でもあったのだ。

数の力で押し切らない

担当者らの悩みは、言い換えると、マンションに関する決定は、「多数決」で決めきれるものではないということをＪＲ西日本の側も理解していたということであろう。

ＪＲ西日本が案を示し、それに被害者が回答するという方式で意見を聴いていくことは、結果として意見の分布を可視化することにつながる。マンションの保存について言えば、ＪＲ西日本が示した案について「それでよい　または　そのようにして構わない」「違う意見である」「どちらでもよい」の三つの選択肢により意向伺いが行われていた(注4)。そのため、意向伺いの回数を重ねるにつれその数字からは、ＪＲ西日本が示した案に同意する、または容認する被害者の割合が増えていっていることを読み取ることができる。またＪＲ西日本も、単純な多数決で決めるつもりはないものの、意向伺いの回数を重ねるにつれ共通するようになった意見は、重く受け止めなければならないと考えていることを、検討プロセスの中で示している。

しかし整備計画の決定までの間、ＪＲ西日本は、マンションの保存の方法についての意見分布を、わかりやすい「グラフ」という形で示すことに抑制的であった。これは文字の大きさや、説明の文章、現場の整備案をできるだけリアルに感じるための図の展開や、進捗状況を説明するためのフローチャートなど、あらゆる説明場面で説明資料の「わかりやすさ」にこだわりを見せてきたＪＲ西日本の対応としては、やや奇異に映る対応であった。そしてそれは、意見の分布は意思決定をする際の重要な要素である一方で、最終決定の根拠としてその支持の割合を重視しすぎるべきではないと、ＪＲ西日本の側が考えていたからであろう。

事実、ＪＲ西日本の担当者も、マンションの一部保存という方向に意見が集約されつつある状況であったからこそ、それを根拠に整備計画をつくるのではなく、むしろ意見を汲み取ることが難しい「すべて保存」「全て撤去」という希望に、何らかの形で沿うことができないかを熱心に考え続けていた。その結果、せめてもの策として、マンションの全景を写真や映像・模型で残すことや、マンションがあった場所がわかるようにブロックなどで現地に縁取り（注5）をすること等が、案として提示された。またすべて撤去することはできないものの、マンションの見え方については、運転士を含むＪＲ西日本の社員は直視できるようにしつつも、見たくないという声に配慮した設計となるよう工夫を凝らす方向へと進んでいった。

「まだ決まっていないこと」を明示する

加えて、この整備プロセスにおいてＪＲ西日本は常に、今決まっていることを明示すると同時に、「まだ決まっていないこと」を明示し続けていることも特徴的だ。

整備案の説明においてＪＲ西日本の担当者は、その内容が「どのような位置づけにあるのか」を明らかにすることを強く意識していた。具体的には、二〇一五年三月に整備計画が決定されるまでの間、説明会等でＪＲ西日本としての考え方を示す場合であっても、「まだ決まったものではない」「あくまで例示である」といった前提を繰り返しながら、説明を行っている。約三年半にわたる検討プロセスの中で、整備のイメージ図が提示され、マンションの保存のあり方が徐々に具体的になっていくように見える中でも、ＪＲ西日本の担当者がこだわっていたのは、それは決定された事項ではなく、あくまでも案であるということだ。

そして基本的な整備が完了した現在でも、その方針は続いている。事故車両の取り扱い方については、事故現場に保存すべきという意見もあれば、慰霊の場には絶対に持ってきてほしくないという意見があるなど、マンションの保存以上に、被害者、特に遺族からの強い希望があるという。マンションや敷地の基本的な整備が完了した二〇一八年秋段階でも、その車両の取り扱い方については、具体的には定められておらず、「何も決まっていない」ということをＪＲ西日本は明示している。

事故車両についてＪＲ西日本は、被害者の想いに向かい合うためにも、事故の悲惨さを伝えるものとして安全教育等に活用したいと考えていること、事故車両は当然のことながら丁寧に取り扱っていくことを示した上で、「今後の扱いについてはすぐに方針をきめるのではなく、皆様のお気持ちを尊重しながら慎重に検討させていただきたい」と明言している。その上で、事故現場の整備をめぐる意向伺いや、少人数の場（後述）の中では、現状でできることとして、仮に将来事故現場に配置することになった場合でも「スペースがない」ということにならないよう、整備される全体敷地の中には、あえて空白の場所（図2の敷地北側の部分）を設けていることを説明している。

福知山線事故現場のように、多くの人にとって大切な場所をどのように作り上げていくかを考える時に重要な要素の一つは、その検討を進める側にいる人たち（今回の場合はJR西日本）が、被害者（その場所を大切に思う人たち）からの基本的な信頼を得ることである。第一章、第二章でも記述してきたように、その程度の差はあるにせよ、被害者の中にJR西日本への不信感がないといえば嘘になる。そのような状況であるからこそ、決まったことは着実に遂行すると同時に、「まだ決まっていないこと」を常に明示する。まだ決まっていないことについては、被害者の声を丁寧に聴きながら、あらゆる可能性を模索する。そのプロセスは常に開示する。その上で最終決定にあたっては、なぜその方針を選択するのかについて丁寧に説明する。そのようなプロセスを通じて、被害者と加害企業が「どの意見や考えも正しく間違いではない中で、どうやって一つの解を見出していくか」という問いに向かい合うことが、事故現場の整備を進めていく上では不可欠だったのだ。

一緒に作り上げていく

そしてもう一つ大事なことは、事故現場に対する想いは、被害者であっても時間の経過とともに変わる、その「変わる」ことを前提に、整備することである。

第三章でも記述したように、被害者であっても事故に対する、もしくは事故現場に対する想いは変わる。ＪＡＬ一二三便の遺族である美谷島邦子さんは、日本航空の安全啓発センター（社員向けの研修センター）に保存されている後部圧力隔壁や後部胴体をはじめとする残存機体（注6）についても、事故の直後はその保存に反対の声はなかったものの、自らがそれを見ることも他の人にそれを見られることも、到底耐えられないと感じた人は多かったと語っている。もっといえば、事故から三〇年以上がたった今でも、見ることができないという声はあるのだという。

しかし、時間の経過とともにその気持ちは変化する。長い年月を経て、日本航空の社員の中にも事故当時のことを知る人が少なくなり、また社会の中でも事故当時のことを知らない人が増えていくという状況を目の当たりにし、残存機体を多くの人に見てもらうことの意味を感じるようになる場合もある。事故当時幼かった子どもや孫世代のように、事故を直接知らない世代の「見たい」「残すべき」だという声に背中を押される形で、高齢になった遺族が残存機体を見に足を運ぶということもあるのだという。

事故現場に対する想いは変わる。その変わり方は一様ではなく、また同じ人の中でもピタリと定まるものでもない。そのように揺れ動くものであるからこそ、事故現場の「形」としての整備が重要であると同時に、その場がどのように使われていくのか、誰がどのようにかかわるのかという、整備の「後」を見据えた取り組みが重要となってくるのだ。

事故現場は、慰霊と鎮魂の場であると同時に、これからの安全につながる場として整備してほしい、それが多くの被害者が望むことだろう。これからの安全につながる場として整備するためには、その場で事故の悲惨さを伝えていくことが必要なのか、遺族や負傷者がその想いを語り続けていくことが必要なのか、もっと別の形で、被害者やその支援者、場合によってはJR西日本の社員が協働で、「伝え続けるための」取り組みを行うことが必要なのか、それは現段階で決められるものではない。重要なことは、その場所で何を行うのかも含めて、関係する人々が一緒に考え続けていくことだろう。

JR西日本はその整備工事が始まるにあたって、「事故現場は、少しずつ皆様と一緒に作り上げていけるような場所にさせて頂きたいと考えており、最初から全て作りこまず、余地を残しておきたいと考えております」と語っている。もちろん繰り返すように、時間をかけすぎることへの異論がないわけではない。それでも、被害者の気持ちもそれをとりまく環境も変化することを前提に、その変化に応じて、事故現場の整備やそこへのかかわり方を共に考えて行く姿勢が、何よりも求められているのである。

3　事故現場をめぐる「少人数の場」という取り組み

少人数の対話の場という取り組みがうまれた背景

事故現場をどのように整備していくのかということを決めるプロセスにおいて、もう一つの特徴的な取り組みが、事故現場に関する「少人数の語らいの場（以下、「少人数の場」）」である。これは大規模な説明会とは別に、遺族、負傷者やその家族が少人数でつどい、ＪＲ西日本の社員とともに、事故現場の整備について膝詰めで語り合う試みである。

事故現場のあり方に関する基本的な考え方の提示（二〇一三年一一月）に先駆けて、二〇一三年九月にその試みが初めて実施され、それ以降、基本的には毎年秋に繰り返し開催されている。筆者はその少人数の場（負傷者とその家族分）において、当日の進行役を務めている。

時間的に少し話を巻き戻そう。筆者が事故現場の整備に関してＪＲ西日本の担当者から初めてコンタクトを受けたのは、イメージ図を伴った形でマンション保存の考え方が提示される前の段階、二〇一三年夏頃のことである。この当時ＪＲ西日本は、マンションの具体的な保存（もしくは撤去）イメージを提示することに対して、相当に慎重であったと筆者は記憶している。ここまでに何度も述べたようにマンションについては、「全て保存」から「全て撤去」まで、同時に成立させることが不可能な意見を含む、さまざまな意見が存在した。これらの意見を本当に集約することができるのか、具体的にどのように進めていくのがよいのかについて、ＪＲ西日本社員も具体的なイメージはもちきれていないようであった。

その当時、事故現場の整備を担当する社員の中には「書面によるアンケートと、大勢が集まる説明会の二つの方法だけで、十分に被害者の声を聴けているのか」「説明会の場では、声を上げづらい人もいるのではないか」「そもそも説明会で被害者と向き合うのは役員であり、実際にイメージ図を描き、本当にこれで良いのかと自問自答する担当者が、被害者の方々の意見や質問に直接応えられる場がない。本当にこのまま整備案をとりまとめていって良いのか」という逡巡があったようだ。そのような中で、事故現場の整備にかかわる担当者と、被害者(注7)（遺族および負傷者とその家族）が、少人数で事故現場のあり方について語り合う場をつくることが可能か、これが筆者がＪＲ西日本から相談を受けた内容であった。

筆者がその段階で伝えたことは、設計やその進め方には十分かつ慎重な準備を要するが、可能性は十分にあること。そして、ＪＲ西日本の担当者と被害者の方々が率直に意見交換をすることの有用性もさることながら、そこに被害者同士の対話が生まれることで、遺族及び負傷者やその家族それぞれが、自らの意見をより深める手助けになるのではないか。むしろ、被害者の方々も他の被害者がどう考えているのかを知りたいのではないか、ということであった。

そこからゆっくりではあるが、少人数の場の計画がスタートしていった。このような取り組みを進めることについて、必ずしもＪＲ西日本の社内でスムーズに決定が下されたわけではないだろう。ＪＲ西日本が被害者が少人数でつどう場を設定し、その場には役員ではなく、事故現場の整備を担当する一般社員が説明者として参加する。そして加害企業の社員と被害者が、膝詰めで話をする。加えて社外の人間（筆者）を進行役にすえる。この前例のない取り組みの必要性や効果を、JR西日本社内で共有し具体的な行動にうつすためには、筆者にも見えていないデリケートかつ複雑な調整が必要であったと推測する。それでも少人数の場が始まり、そして現在に至るまで継続しているのは、事故現場の整備を担当してきたJR西日本社員の真摯さと、そして「多様な立場の意見を、丁寧に聴き取ってほしい」と言い続けた遺族や負傷者らの声があったからこそだと、筆者は考えている。

初回の躓き

このような形で、手探りの状態から始まった「少人数の対話の場」の取り組みも、初回から順調にスタートしたわけではない。むしろ、初回は躓いたと表現することができよう。JR西日本が、少人数の場の案内の文書を送ったのは、二〇一三年夏のことであった。そして最初の躓きは、その周知の方法についてであった。

JR西日本は書面をすべての対象者に郵送し、少人数の場の開催について呼びかけたが、通常の郵便物（他にも沢山の書類がはいっている）の一部としてその案内が郵送されたため、被害者にとってはわかりにくく、その書面に気づかなかった方も少なからずいたようである。そのため初回の少人数の場では本題に入る前に、案内の仕方が不親切であるという不満や、「JRは意見交換をやったという形式を作りたいだけではないか、実際にはあまり来てほしくないのではないかと勘ぐってしまう」という厳しい意見が噴出した。

筆者はこの文書の作成に直接かかわったわけではないが、その作成プロセスを仄聞できる状況にはあった。その立場から見れば、担当者がいわゆる「アリバイづくり」のためにこの場をつくろうとしたことはないと断言できる。むしろ担当者は、被害者の声を丁寧に聴くためには何をすればよいかと議論を重ね、真剣に悩んでいた。それでも結果として、このようなズレが生まれてしまった。それはなぜなのだろうか。

加害企業が場をつくることの難しさ

ひとくくりに被害者と表現できる部分の方が少ない、と本書の中で繰り返し述べるように、被害者の中にもさまざまなスタンスや考え方の人がおり、加害企業との距離の取り方は異なる。加害企業からの案内やコンタクトは、極力少ないことを望む被害者もいれば、できるだけ多くコンタクトしてほしいという被害者もいる。そのように真逆のニーズがある中でも、加害企業の側が被害者に対して「平等」に声かけをする、またそうせざるを得ない状況にあることは、ＪＲ西日本のケースに限った課題ではない。

一方で、形式的な平等にこだわりすぎるが故に、不信を招いてしまうこともある。この時はまさにその意味で、その加害企業が被害者にコンタクトするということの難しさが、浮き彫りとなった。

このときJR西日本の担当者は、「案内は少なく」と望む被害者にも、「できるだけ多くコンタクトしてほしい」と望む被害者にも、同様の書式で呼びかけるのが適切であると判断した。その結果「案内は少なく」と望む被害者には近過ぎる、「できるだけ多くコンタクトしてほしい」と望む被害者には遠すぎる、つまりどっちつかずの対応になってしまったのである。そのような対応が、少人数の場に足を運んだ負傷者やその家族に、わざとわかりにくく書いているのではないか、という疑念を抱かせることにつながった。

参加者からは、実際に行われている被害者への対応は個別性が高いにもかかわらず、この案内だけ「平等すぎる」対応を取る必要はないのではないかという指摘や、被害者の要望は異なるのだから機会の平等にこだわりすぎず、「それぞれが希望する対応を行う」という意味で平等にすれば良いのではないか、という指摘が行われた。

このように初回から、ある意味で紛糾した少人数の場であるが、結果的にはその紛糾があったからこそ、案内の方法や、日時の設定方法、具体的な進行方向など、少人数も場のあり方自体を、JR西日本の担当者と被害者が一緒に考えていく時間をもつことができた。またそれを二回目以降に反映したことにより、より参加者の希望に即した形でその後の運営が進むきっかけになったのではないか、と筆者は考えている。

そしてこのような形で紛糾したものの初回の参加者全員が、少人数の場を通じてJRが丁寧に意見を聞き、被害者と一緒に考えていこうとする姿勢を持っていることは、事故現場の整備という意味でも、被害者にとっても非常に大事だという考えで意見が一致したことが、少人数の場の継続につながっていった。

基本の進め方

そのようにして始まった少人数の場であるが、基本の進行方式は、初回から今に至るまでほとんど変わっていない。

担当社員からの開会の挨拶の後、司会進行を務める筆者にマイクが渡される。その段階までは、少人数の場に参加するＪＲ西日本の社員は壁側に立ったままであるが、司会進行から参加者に確認の上で、テーブルについてもらう。これは、初回の少人数の場である参加者（負傷者の家族）から、せっかく対等な立場で話そうという場なのだから、ＪＲ西日本の社員もテーブルについてほしいという声かけがあり、その後、踏襲している進行方法である。これまでの開催で、それに対して被害者の側から異論が唱えられたことはなく、「説明する人」「説明される人」という対立構造をつくらないという意味でも、適切な設定であろう。

毎回、平日夜と休日昼間の設定で複数の候補日を設け、都合の良い日にちに参加してもらう仕組みであるため、参加者数は都度異なる。一人で参加される方もいれば、家族で参加される場合もある。少ない時で五－六人、多い場合には、二〇人弱で開催したケースもあるが、いずれの場合も口の字になるように座席を配置し、それぞれが顔を合わせる形で話ができるスタイルをとっている。

進め方のルールというほど厳密なものではないが、始める際には、①何らかの結論や合意をとることを目的とはしていないこと、②いろいろな意見、自らと異なる意見もあると思うが、批判をせずに、そういう意見があるのだとまずは聴いてほしいということ、③被害者とJRの社員が語らう場であると同時に、被害者同士が語らう場でもあること、④事故現場の整備について話す場という案内ではあるが、事故現場のことに限らず、質問したいこと、話したいことを言ってもらって構わないこと、⑤無理に話す必要はなく、聴くだけでもかまわないこと、⑥気分が優れない場合などは中座も構わないこと、控え室も用意してあることなどを説明し、記録の方法を確認した上で、少人数の場は始まる。

基本の時間は二時間。多くの場合は簡単な自己紹介の後、JR西日本の社員が、事故現場整備の進捗状況や、整備内容案について説明し、その質疑応答という流れから、自由に意見を言う場へと移行していく。全員に発言を求めることが目的ではないので、軽く手をあげるなどして発言したいという意思を表明した人が、順に話す。バーチャルリアリティを利用してのマンションの見え方を試してみたり、模型を囲んで話し合いが行われたりしたケースもある。

改めて語られる、あの日のこと

少人数の場が始まった当初は、事故後に初めて他の被害者と話す機会を得たという参加者も少なくなかった。そのことも理由の一つとなり、初回、二回目の少人数の場では、「あの日」自分がどのような状況にあったかを、負傷者が口々に語った。

ある負傷者は、自分が事故の直後に寝かされていた場所を示し、事故現場の敷地に足を運ぶことができても、自分が寝かされていた場所には、どうしても足を踏み入れられなかったと語った。それを受けて、その負傷者と旧知の参加者が、もう長くつきあっているけれど、よく考えてみると、あの日のことは初めて聞く。具体的にどのあたりに……と尋ねることで、事故直後の細かな情景がその場で語られていく場面もあった。

ある負傷者は、事故の直後は駐車場ピットにいることが理解できず、なぜ電車の中にいた自分が、自動車の工場にいるのか理解できないと思ったことを語りつつ、駐車場ピット周辺に、クラッシュ状のガラスが散乱していた様子を、他の参加者に向けて語った。

救助の状況も、負傷者から口々に語られた。電車が上に見えている状況が不思議な感じだったこと。異様な臭いがしていたこと。誰かが「動ける人から動いて」と叫んでいたこと。近隣の工場の人が、バールで一生懸命ドアをこじ開けてくれたこと。助け出された直後、知らない人からタオルが手渡されたこと。周りが見えない状況で「危ないから離れて」という声が聞こえたことだけは覚えていること。周りで、女の子の泣き声が聞こえていたこと。

次々と語られる事故直後の生々しい描写に、筆者も、負傷者の家族も、そしてJR西日本の社員も聴き入っていた。事故現場のあり方について語るという当初の目的は存在しなかったかのように、一人の語りに別の負傷者が呼応する、また別の負傷者が呼応するという形で、事故当日の事故現場の様子が、語り続けられた。

それは、負傷者の家族も初めて聞くような生々しい描写であった。マンションをどうするか以前にまず、あの日起こったことを語る。それは大規模な説明会の会場で「事故現場についてどう考えるか」と問いかけられても、決してでてこない種類の応答であろう。しかし少人数の場に集った負傷者は、まずそこから語り始めた。そして、負傷者の家族やJR西日本の社員は、それらを通じて事故現場で起こっていたことを追体験し、改めて事故現場がどうあるべきかについて思考を巡らせることになった。

事故現場をどうしたいのかを語る前に、あの日にあったこと、そしてその後の日々を語らずにはいられないということなのだろう。少人数の場は前述の通り、もともとはマンションの整備計画を具体的にどのように進めるべきかをテーマに話し合うことを目的として、開催された。しかし実際に形づくられていった時その場は、負傷者にとっては、自らの経験や気持ちを安心して言葉にすることができる場として、そして家族やJR西日本の社員にとっては「あの日」を共有する場として、立ち上がってきたのだ。

私にとっての事故現場

福知山線事故の場合、その事故現場と言われた時に多くの人が象徴的に思い浮かべるのは、マンションであり、また脱線衝突の痕跡が残る駐車場ピットや柱などであろう。筆者自身も、少人数の場に参加するまではそう考えていた。しかし二回目の少人数の場で、ある負傷者の「マンションの保存部分を、横に伸ばすということは考えられないでしょうか」という言葉に、筆者自身もはっとさせられた。

この当時のJR西日本の案では、マンションは特に被害の痕跡が残る部分を限定的に保存（注8）することになっていた。彼女はそれに対して、一階部分だけは全て保存することができないのか、と問うたのである。彼女は、事故の教訓を伝えるためにマンションをできる限り大きく残したいと願ったわけではない。「自分自身が、救急車を待つ間に寝かされていた場所は、マンションのエントランスであったと聞いている。自分にとっての事故現場はマンションのエントランス（列車が衝突した箇所とは一八〇度反対の方向）だ」と彼女は言った。

その彼女の言葉に触発されるように、参加していた他の負傷者も「救出された後に、自分が寝かされていたエントランスのところは残しておいてほしい」「事故のことは思い出したくない嫌な思い出ではあるが、マンションの下の部分を全部残してほしいという気持ちは自分にもある」と同様の感想を口々に述べた。これらの発言がのちにJR西日本が原案を大きく変更する契機の一つとなったと見られ、最終案ではマンションの一階部分（横五二メートル）は、すべて保存されることとなった。

事故や災害の現場について語られる時、その象徴となる建物や施設に注目が集まる場合が少なくない。あの事故、あの災害と言われれば、多くの人がもっとも凄惨な被害の写真（多くの場合は俯瞰的に撮影した写真）を思い浮かべることからも、風化防止のためには、象徴的な建物をどのように保存するのか（しないのか）は重要な論点である。

しかし、ここに示したエピソードからもわかるように、事故による被害は象徴的な建物だけで示すことはできない。別の場面である負傷者が「自分にとっての事故現場は、たくさんの方が寝かされていた線路の上であり、もし残すことができるなら、線路こそあの日のままに保存してほしい」と語ったように、誰かが息を引き取った場所や、亡くなる人を看取った場所、自らが搬送されるまでの時間を過ごした場所など、被害者それぞれに「私にとっての事故現場」がある。

むしろ個別に話を伺えばその分だけ、象徴的な建物を残すのみであの日起こったことの凄惨さを共有し、そして伝え続けることは難しいと感じる。その意味で、建物をどう保存するか（しないのか）という結論以上に、何を事実として伝えていくのか、何を教訓として伝えていくのかを考えるプロセスが重要なのだ。

負傷者同士が、家族同士が語り合う場として

少人数の場で語られることは、事故現場に関することばかりではない。むしろ、事故現場について語るという目的ではなく別の理由で、少人数の場に足を運ぶ人がいる。

自己紹介をする場面で、「事故現場について、特に意見があるわけではなく、他の負傷者が現在、どのように過ごされているのか話を聞きたいと思ってやってきた」と語る負傷者やその家族も少なくない。事故からの時間が経過するにつれ、事故の「後」について、率直に語る機会がなくなることへの淋しさやもどかしさ。事故から時が過ぎたからこそ自分の心の中に生まれた葛藤や、言葉にできるようになっ

た痛みを、いまさら口に出しにくいと語る負傷者もいる。

第一章、第二章で紹介した空色の会のメンバーは、負傷者やその家族同士のつながりをもっている。そして空色の会を通じて、負傷者やその家族同士でなければ話せないようなこと、それを話し合えることの安堵感を口にしている。しかし空色の会にかかわる負傷者やその家族は、全体の数からみればそれほど多いわけではない。一人で語る場を持たずにいた負傷者やその家族が、重い腰を上げて少人数の場に足を運ぶ理由は、他の人々はどのように事故の「後」の日々を送っているのか知りたいという動機である場合もあるのだ。

そこにつどう負傷者やその家族同士は、初対面である場合も多い。それでも、「できる限り事故にあった本人のことを理解しようと努めているが、家族でもわからないことがある」と語る負傷者の家族には、別の家族が、「わかります。我が家では……」と具体の例を持って共感を示すこともある。負傷者同士の会話でも、「歩けなくなったわけでも、生活に大きな支障をきたしているわけではないけれど、やはり事故にあわなかったこととは違う。他の人にはいまさらと言われるけれど……」という言葉に、他の負傷者が大きく頷き、同意を示すこともある。そこには当事者にしかわからない、当事者同士だからこそ少ない言葉でわかりあえる、だからこそつどう場は大事なのだと、空色の会のメンバーが言い続けてきた具体の形があった。

第二章ではDさんが、まったく見ず知らずの他人ではあったにもかかわらず、同じ電車に乗って同じ事故にあったということで、安堵感をもって事故にまつわる事実や気持ちを語ることができる相手を大切に思っていることについて記述した。その原点の一つが、この少人数の場にある。

二回目（二〇一四年二月開催）の少人数の場では、Dさんを含めて同年代の女性の負傷者が数人参加していた。そして少人数の場の終了後、「事故のことはなかなか他の人に話せず、忘れようとして日々を過ごしてきた」と涙ぐみ、あまり多くを語ることができなかった負傷者の一人にDさんが声をかけ、会場の片隅で顔を寄せ合いながら長い時間を過ごしていた。後にDさんが語るところによれば、その場で何か特別なことを話したわけではないという。事故の日にあったこと、それから自分が感じてきたこと、家族や周りの人々への感謝と同時に、当事者にしかわからないことがあるという想い。そのような負傷者以外の人に語ることができないわけではないけれど、日頃は言葉にすることを躊躇してしまう出来事や想いを、ただポツリポツリを言葉に出せることの安堵感はやはり大きい、とDさんは改めて感じたのだという。

少人数の場は、参加者を都度募る形で運営されているため、毎回異なるメンバーで開催される。毎年参加されている方もいるが、その時限りという人も少なくない。それでもこの時の経験をきっかけとして、それ以降の少人数の場では、終了後に会場を負傷者同士の語らいに使えるように配慮し、また積極的にこのあと会場で「おしゃべり」を続けてもらって構わないことを、アナウンスする方式へと変化した。

少人数の場は、事故現場について語るという目的を超えて、負傷者やその家族同士が出会い、そして安心して話ができる場としても機能しつつあるのである。

叱責の声

少人数の場の参加者の中には、大勢が参加し場の雰囲気も硬い説明会の場で発言することは難しいが、少人数だと発言もしやすく、また他の負傷者やその家族の率直な意見を聞くことができてよかった、という肯定的な感想を述べる人が少なくない。

一方で最初の躓き以降、すべての回において少人数の場がスムーズに和やかに進んでいるのかというと、そういうわけでもない。開始と同時に、少人数の場の趣旨や進め方に対する強い疑念や異論が、示されることもある。JR西日本の日常業務での問題を指摘した上で、安全に対する姿勢への強い怒りがぶつけられることもある。事故現場の整備についても、建物をどうするのか、慰霊式をどうするのかという「形」の話ばかりが先行していて、JR西日本の安全意識の変化が見られないことは本末転倒ではないか、と強い口調で叱責されたこともある。

ここまでにも繰り返し述べてきたように、被害者は日々の生活の中で、JR西日本社内で事故の教訓が活かされているのか、時間の経過とともに安全を守る姿勢がゆらいでいないかということを注意深く見守っている。日常生活の中で見聞きする電車の遅延やそれに関連するアナウンス。ホームや駅で何かのトラブルがあった場合の社員の対応。事故現場を訪れた時に目にする社員の行動や、投げかけた質問への応答。それらの一つ一つを、被害者はじっと見続けている。

そして少人数の場では、そうして見聞きしてきた事実や、それらを通じて感じたことが、苦言という形で呈される。それは当然のことである。そしてその意味で少人数の場には、常にある種の緊張感が存在する。あえていうならばそれは、少人数の場に参加するＪＲ西日本の社員にとって、望ましい緊張感ではない場合もあるだろう。直接苦言を呈される、または叱責されるような機会は、できることならばつくりたくないと考える社員も、ゼロではないだろう。

しかし開かれた対話の場を作る時に、そこで話す内容を決めるのは、そこに参加する人々だ。対話の場を主催する側が、ましてこの場合は被害者に対する加害企業の側が、話す内容について制限を設けることはできない。厳しい言葉や叱責に向き合うことも含めて、少人数の場なのである。

同時にこれは、場に対して設定したテーマを無視してよいという意味ではない。そしてテーマに添いつつも、参加者が望むことを聴ける場にする、伝えたいことを発言できる場にする責任は、その場の運営を任されている進行役（この場合は筆者）にある。設定したテーマを大事にしつつもまずは、そこに足を運んだ人が日常生活の中で考えていること、ＪＲ西日本にこの機会に伝えておきたいことを語り、そしてそれに対してＪＲ西日本の社員が真摯に応答することなしには、主催者が求める議題に入ることはできない。これは少人数の場に限らず、すべての安全をめぐる対話の場にとって、共通かつ必須の要件である。

そして被害者の声に応答する側に求められることは、その場でどう説明するかではない。日頃から加害企業の社員が、どれだけ真摯に事故現場のことを、安全のあるべき姿を考え続けているか、その一言に尽きる。相手の表情も読みづらいような大規模な会場ではなく、その表情のみならず息遣いまで伝わるような少人数の場では、ごまかしや表面だけの回答は相手に直に伝わる。そしてそのような対応をした段階で、その場で交わされる言葉や情報は、もはや意味をもたない。そのことを肝に命じてこそ、少人数の場が本来の意味を持つものとして、継続していくことができるのであろう。

事故後入社の社員と、負傷者とその家族の対話

少人数の場を担当する部署には、当然のことながら比較的若手の社員も在籍している。事故後にＪＲ西日本に入社した世代が、事故現場の整備を担当する部署にいることも珍しいことではない。

少人数の場が始まった当初は、若手の社員は受付や案内を担当するものの、直接的に説明をしたり負傷者やその家族と話をしたりする立場にはなく、対話が行われる室内にも入らずに、部屋の外や控え室で待機する設定であった。しかし、参加した負傷者とその家族から、せっかくの機会なので若い社員の方にも「生の」声を聞いてほしいと言う要望があり、陪席する形式が定着した。

負傷者やその家族が事故後入社の社員に対して抱く心情は、事故当時の凄惨さや混乱、事故後の心身の痛みや辛さを知らないという意味で、ある種の寂しさや、諦めが入り混じったようなものでもあるという。一方で負傷者やその家族は、「直接的に事故を知らない」世代の社員たちが、この事故の教訓をどのように受け継ぎ、そしてどのようにその教訓を社内に展開してくれるかに関心を持っている。

そのような関心を把握していた筆者は、「進行役の権限でこれだけは私の希望を聞いてくださいね」と

ＪＲ西日本の責任者に断った上で、最後に全員が感想を述べあう際に、陪席する若手社員にも感想を述べてもらうようにしている。そしてその際には、「おそらくここにいる負傷者の方も家族の方も、ＪＲ西日本としての模範解答的な感想が聞きたいとは思っていないので、拙くてもよいから率直な感想を述べてくださいね」と促すようにしている。

その場では、管理職とは異なる、率直な感想が語られることも少なくない。研修などで事故について学び、また自分もいろいろな資料を見てきたつもりであったが、直接負傷者の方から当時の話を聞くと、まったく異なる印象を持ったという感想を述べた社員もいる。

また、初期の頃の少人数の場にかかわっていた社員は、事故が発生したのは「最終面接を控えた二日前」だったと語った。そして彼は、自分たちは事故後入社であるが、事故の瞬間にはＪＲ西日本という会社を選んでいたという意味では、自分たちの世代がぎりぎり、ＪＲ西日本の社員として事故の日を迎えた最後の世代になるとも感じていると告げた。その上で彼は、自分たちの後輩、本当の意味で社員として事故を体験しなかった世代に、自分たちの会社が起こしてしまったのはどういうことかを伝える責務があると思って、自らの業務に没頭していると語った。

またある社員は、事故を起こした会社であることを知った上で、自分の職場としてＪＲ西日本という会社を選んだ理由を、「このようなことを申し上げては、ご不快に感じられる方もいらっしゃるかもしれませんが」と前置きした上で、採用面接の際に、先輩社員が質問されなくとも福知山線の事故についてふれ、ＪＲ西日本という会社が安全のために何をしなければならないかを熱心に語っている姿を見て、この会社で鉄道事業にかかわりたいと思ったからと語った。

被害者に対応するＪＲ西日本の社員は、ある程度ベテランの、もしくは管理職の社員である場合が多いため、若手とも言える社員からの感想は、負傷者やその家族にとっても新鮮にうつるようである。そして、若手社員が自らの経験も含めて語る姿は、管理職が丁寧に説明する言葉より、ある意味で好意的に受け止められている。

もちろんそれをどう感じるかには個人差がある。全ての負傷者やその家族が、このように好意的に若手社員の声を受け止めるとは限らないだろう。しかし、二度と同じような事故は起こしてほしくないと願う負傷者やその家族からすれば、事故現場を大切に思い、その事故の悲惨さや教訓をしっかりと受け止めようとする若手社員がいることは、そしてそれが本人の口から語られることは、ある意味において「励み」にもなるのだ。

ある負傷者は、「会社に誇りを持ってやってほしい、社員が謝るだけでは、見ていてつらい」と語った。管理職に向かって「若い方の想いを大事に育てていってほしい」と口にする負傷者の家族もいた。

ここに共通する想いは、事故後に入社し、直接的には事故を知らない世代がＪＲ西日本という会社の中心になった時でも、さらにその先においても、この事故の教訓を忘れず、そして安全につながる活動を絶え間なく続けてほしいということだ。その意味では、直接的に若手社員が被害者の声に向かい合い、そこから自問自答する中で次の安全を考える場としても、少人数の場は機能し続けている。

人の顔が見えるということ、応答する姿が見えるということ

どんなに丁寧なプロセスを経ても「形」とせざるを得ない以上、そして全部保存から全部撤去まで両立させることが難しい意見がある以上、すべての声に応えることが困難であることは、ＪR西日本も、そして少人数の場に参加する負傷者やその家族も理解していた。そのような状況だからこそ、とにかく丁寧なプロセスを踏むことが大事だという意見を述べる参加者は多かった。また少人数の場の参加者の中では、実際に丁寧なプロセスで一つ一つの意見を尊重しつつ進められていることを、評価する声も少なくなかった。

一方で、それに対して「あえて」という形で真っ向から疑問をぶつけた参加者もいる。その家族は、ここまでのプロセスや結果として提案されていた案に対して肯定的な感想を述べた上で、しかしこれは残してほしい人から見れば、残してほしいものの全ては残らず、無くしてほしい人から見れば、少しでも残ってしまうという案になっているのではないか。両側にある極端な意見を汲み取ることができずに、その中間（一部保存）を採用するということは結局、誰の意見も聞いていないということにつながらないかと述べた。その上で、ＪR西日本として一部保存はもう既定路線なのであれば、少人数の場で何を聴きたいのか。それともこの少人数の場の議論を経て、この一部保存の案をまた根底から覆す可能性があるのかということを、この参加者は問いかけた。

進行役を務めていた筆者は、これは応答しにくい問いかけであると同時に、どう応答するかが試され

ている問いかけであると感じた。

これに対して、設計を担当したＪＲ西日本の社員は、「それは、おっしゃるとおりだと思います」と正面から受け止めた上で、全ての「意見」を反映することは、正直に言えば不可能であると考えていること。しかし不可能だと考えている上でも、全ての「想い」に沿うような別の形がないかと、日夜検討を続けていることを語った。その上で、設計を担当するものとしては、一番事故の痕跡が残る箇所を今の状態で置いておくことを最も重視していること。そのためには、雨を避けるために屋根をかけることは必須であること。その上で屋根をかけた上でマンションの全てを保存することは、構造上は成立するものの、規模が大きくなりすぎることや、できる限り威圧感がないようにという希望に沿うためにも、難しいと判断したこと。その中で、さまざまな想いを反映させられないかを考え続け、穏やかな気持ちでお参りできる場所にしてほしいという声に応えて、屋根を曲線の形に変えて柔らかい雰囲気を出したり、少しでも暗い雰囲気を無くしてほしいという声に応えて、明かり取りの窓を設けたり、できる限りの努力をしていることを説明した。

筆者には、その説明に質問者が納得したかどうかはわからない。ただできないことはできないと告げた上でも、何かできることがないかと考え続けている姿勢、そしてできることは技術の限界レベルまで組み込みたい、とする設計者の意図は伝わったように思う。質問者は設計者の顔を見つめながら話を聞き、そして話が終わった時、軽く頷いていた。

繰り返すように、全部保存と全部撤去という意見がある以上、物理的に両方の意見に沿う整備計画を作ることはできない。そのように相容れない意見がある中でJR西日本の担当者らは、第三の道（部分保存の案）のあり方を模索するのではなく、「全ての意見そのものを反映することはできないが、背景にある想いを丁寧に聴き、その想い沿う形で整備計画を作るにはどうしたらよいか」を考え続けていた。そしてその真摯な姿勢が、素直な形で被害者の前で表現されたのが、この応答であった。

JR西日本社員にとっての意味

応答した社員は、通常業務ではJR西日本が所有する駅やビルを設計することを専門としており、乗客と直接話す、まして負傷者を含む被害者との直接の接点はなく、この少人数の場が初めてだったのだという。

もちろん設計にかかわる社員たちも、アンケートや説明会議事録などの資料を読み込み、また被害者対応をしている社員と情報を共有しつつ、具体の形を考えていた。しかし、「紙に書いてあることを読むことと、実際に直接声を聞かせてもらうことは違う」と、設計に携わる担当者が幾度も口にしたように、被害者の声を直に聴き、そして応答することの手応えは、設計者に大きく響いたようである。

その意味で少人数の場がもつ別の効用は、実際に現場に足を運び、図面を引き、模型を作り、その中で、「正解」がないことへの「答え」を形にしなければならない社員にとっても、改めて事故現場の意味を問い直し、その思想を具体の設計の中に落とし込んでいくプロセスとなった。

またある少人数の場の担当者は、事故から十年余の間、事故現場について何も手をつけてこられなかったことを申し訳なく思う気持ちを吐露しつつも、その中でも自分たちに何ができるかを考え、模索し続けていると語っていた。その中で彼が述べたことは「直接話を聞かせていただいて肯定的な意見をもらうと、やっぱりこれでよかったという自信にもなる。一方で異なる意見をいただいたり、新しい提案を受けたりすると、それを真摯に受け止めてできる限りのことをしなければ、と身が引きしまる思いがする」ということだった。

その上でその担当者は、直接被害者に向かい合う場をつくったことの意味は、意見の背景にある想いに触れることができたことにあると語った。事故現場のマンションをどう残したいのか（残したくないのか）についての意見を直接的に聴くのではなく、その主張の背景にある「なぜそう考えるのか」を聴くことにより、マンションを全て残すべきとする被害者も、マンションを全て撤去すべきとする被害者も、そのほかの意見の被害者も、根底にあるのは「二度とあのような事故を起こしてはならない」という強い共通の想いであるということを、担当者らは実感したのだ。そしてそれにより担当者らは、ＪＲ西日本が考えるべきは、事故現場の整備のあり方であると同時に、二度とあのような事故を起こさないためには何をしなければならないのか、という安全に向けた根本的な取り組みであると改めて気づいたのだった。

被害者と加害者が語り合うということ

事故はどのような場合でも、発生した直後に最も注目が集まる。福知山線事故の場合には、社会の関心が薄れるようになってから、事故を示す象徴的な話題として「マンションを保存するのか否か」という課題に注目が集まるようになった。しかし繰り返し述べるように、遺族や負傷者、その家族は、社会から注目されているか否かにかかわらず、事故とともにその後の時間を生きている。事故の後の時間も含めて、事故が引き起こした衝撃であり痛みなのである。

そして、事故現場をどうするのかという難問をきっかけとして、事故は終わったことではなく、いまだに続いているのだということが改めて露わになった。そしてこれをJR西日本の担当者が直接聴くこと、聴き続けることに、少人数の場のもう一つの意義がある。

事故の記憶を風化させないために、事故現場を整備し事故の痕跡を残すことは、JR西日本にとって、そして社会の安全にとって有効な方法の一つだろう。しかしそれ以上に重要なことは、事故の教訓を決して忘れてはならないJR西日本の社員が、未だ続く事故として被害者の声を聴き続け、それをもとに事故現場の整備のみならず、それを社内で語り継ぐ方法、安全教育や制度に反映させる方法を考え続けることである。そしてそれこそが、事故を風化させない、本当に事故の教訓を活かすということにつながっていくと筆者は考える。

すでにJR西日本の社員もその半数が事故後に入社した社員である。さらに一〇年が過ぎる頃には、社員のほとんどが事故後の入社ということになるのだろう。加害企業の中で事故の記憶を「風化させない」ということは、事故や現場の記録を保存し学ぶことに加えて、事故の後を生き続ける被害者とともに安全とは何かについて悩み続ける、そういう取り組みなのだろう。

福知山線事故の場合には、事故現場のマンションの残し方に一定の方針が示されるまでに一〇年の月日が必要であった。その月日を振り返り、ある負傷者は「最終案は自分の意見とは全く違う形であるが、自分自身はその結論に納得している」と語った。そしてその理由を彼は「長い時間をかけて、いろんな立場の人の声を丁寧に聴いた上で、時間をかけて検討し、それを形にしようと努力した痕跡が見受けられるから」と話してくれた。

福知山線事故現場は、二〇一八年秋にその整備工事が完了し、「祈りの杜 福知山線列車事故現場」として、遺族、負傷者、その家族のみならず、故人やその現場に心を寄せる人であれば誰でもお参りできる場となった。整備完了後のマンションを見た負傷者やその家族の感想は、それぞれである。「小さくなってしまって淋しくなったような気がする」という人もいれば、「綺麗すぎて、事故現場のように感じない」という感想を述べる人もいる。一方で、丁寧なプロセスを経て作り上げてきた計画通りに整備されたことに、ある種の敬意を示す負傷者もいる。

いずれにしても、祈りの杜の完成は、終わりではなく新しいスタートである。事故現場をどう残すのかという問いに対して、被害者（遺族や負傷者、その家族等）の全てが納得する形を作ることは不可能だった。そこに、近隣住民や沿線住民、その他この事故にさまざまな想いを寄せた人の声まで含めれば、いずれの形をとったにしても、全員が納得することは不可能だろう。

一方でこの事故現場を通じて、なにを成し遂げたいのか、なにを後世に伝えていきたいのかということを考える時、そこには改めてさまざまな可能性が広がっていく。そして、その可能性を具体化し、また安全のための弛み無い努力を続けていくためにも、そこにつどう人々が語り合い、そこから何かを始めるプロセスこそが重要なのだろう。

注

注1：原則として、意向伺いは質問票にもとづいた形で行われた。実施方法は、郵送によるやり取りのケースもあれば、JR西日本の担当者が個別に被害者と面談し、聞き取りを行っているケースもある。どちらの方法が採用されるかは、被害者の希望によるとされている。

注2：筆者が直接的にコンタクトを持つJR福知山線事故の被害者の方々は負傷者とその家族であり、遺族は含まれないため、本書のJR福知山線事故についての記述は、主に負傷者とその家族の視点からなされている。そのため、名碑に関する検討過程については、本文中での詳細な記述は割愛した。

注3：名碑のあり方については、遺族の間でも、自らの家族の名前を刻んでほしいという意見、または（事故の凄惨さを伝えるためには）全員の名前を刻むべきとする意見もあったという。一方で、絶対に自らの家族の名前は刻まないとする意見や、名前は刻んでも誰にも見られたくないとする意見もあった。これらの意見を考慮した上で、最終的には、見える場所に名前を刻む、見えない場所に名前を刻む、追悼慰霊式の時のみ名前を表に出す形で刻む、名前を刻まないの四つの選択を取れる形で名碑が設置された。

東日本大震災について言えば「宮城県震災遺構有識者会議報告書」において同様の指摘がなされている。（http://www.pref.miyagi.jp/uploaded/attachment/288105.pdf　二〇一九年二月二〇日現在）

注4：結果は、この三つの選択肢に無記入を加えた四つの分類で、その意見を支持した被害者の数が示されている。基本的には家族単位の集計であるが、一組の被害者の中で異なる意見が出された場合には、個別の意見として集約されている。

注5：後述するようにマンションの一階部分のすべてが保存される案が採用されたため、結果としてはこの形では実現しなかった。

注6：一九八五年に発生したＪＡＬ一二三便事故の残存機体（後部圧力隔壁や後部胴体）は、日本航空の安全啓発センターに保存されている。しかし事故直後、日本航空は、フライトレコーダー等だけを社員教育用に残し、残存機体は廃棄する予定であったという。それに対し八・一二連絡会（遺族会）が残存機体を保存するように、毎年要望書を出し続けた。その結果、事故から二一年の月日を経て、保存・展示が可能となった。

注7：遺族を対象とした同様の取り組みもあったが、筆者は詳細については把握していない。本書では、筆者が司会進行をつとめた負傷者とその家族を対象とした少人数の場に限定した記述となっていることを付記する。

注8：縦方向は、マンション二階部分まで。横方向は、屋外駐車場ピット周辺とそこに接するほぼ一部屋分のみが保存される案であった。

第五章　媒介の専門家であるということ

1　対話の場をつくる実践者に必要なこと

さまざまな対話の場

これまでの内容を少し振り返ってみたい。第一章と第二章では、負傷者やその家族の「被害」の諸相と、それらの人々の安全や事故の再発防止に関する考え方の変遷について、詳しく記述してきた。その上でその変遷に、当事者同士の対話が、どのような影響を与えてきたかについて考察した。

第三章ではより俯瞰的に、事故の原因究明や再発防止を考える際、検証に携わる専門家と二・五人称の視点をもつ被害者が、対話し協働することの可能性と現状の課題について記述した。

さらに第四章では、福知山線事故の現場整備プロセスについて概観すると同時に、加害企業の社員が負傷者やその家族と対話することで、安全に向けた思想や具体の方法論を見出していくことの可能性について記述した。

第一章から第四章では、いくつかの異なるタイプの被害者が登場し、またそれぞれに異なるレイヤーでの対話が持つ意味について論じたが、全体像を図式化すると図3の通りになる。本章では、この異なるレイヤーの対話にかかわってきた筆者が、そこで何を考え、そして自らの思考や行動をどのように位置づけてきたのかについて、より直接的に記述する。

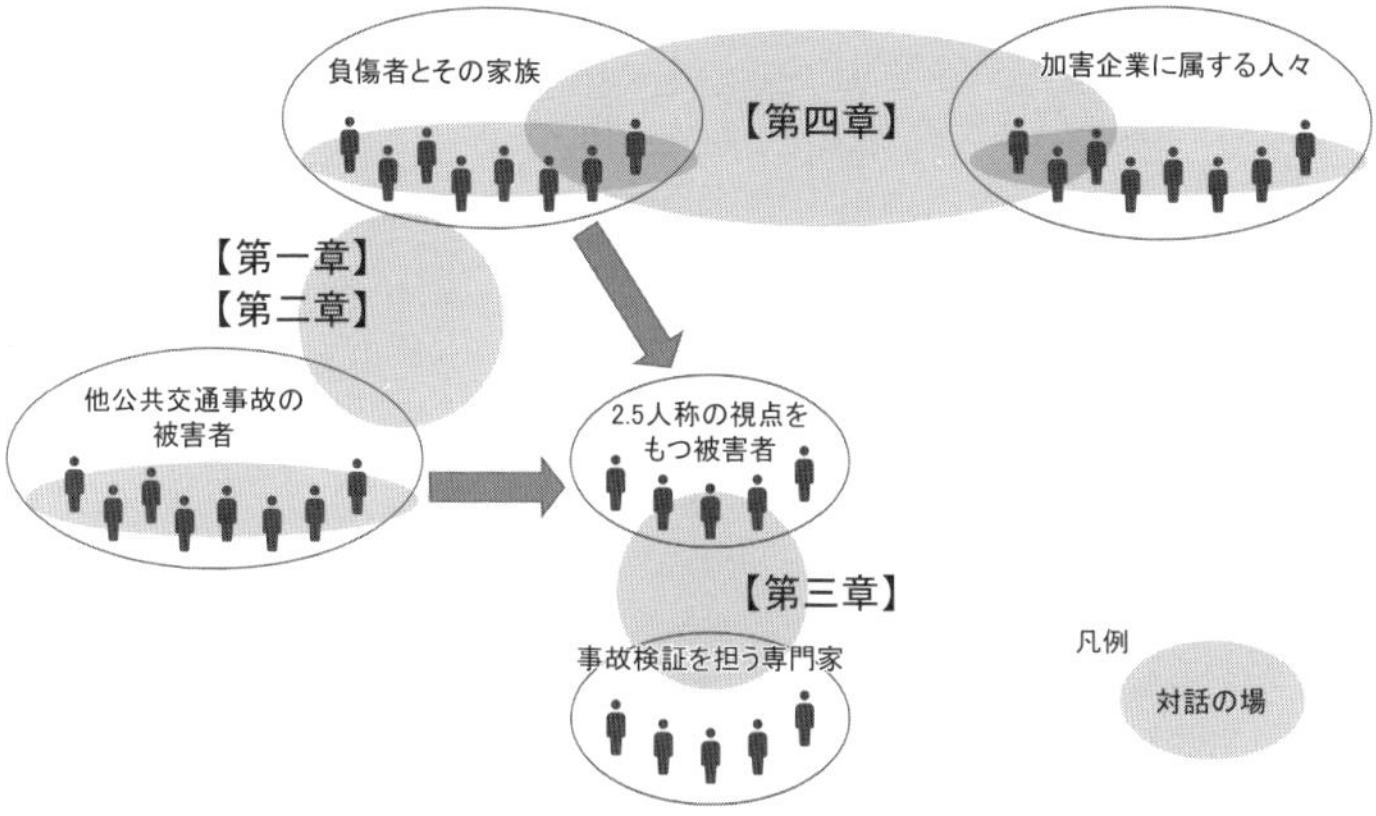

図3　本書におけるさまざまな対話の位置づけ

「現場を知らない研究者」と「学問を知らない現場人間」

木下（二〇〇九）は、さまざまなリスクコミュニケーションの現場を事例として、「現場を知らない研究者」と「学問を知らない現場人間」の両方について、それぞれの特性と課題を指摘している。

前者について木下は、研究者は物事を抽象的に捉える傾向があるが、その背景にある理論は、統制された環境での限られた条件での実験結果に基づくことが多く、現実場面に反映しにくいと指摘する。加えて研究者は現場を知らず、一般的法則を現場に適用するための方法論を持たないことから、個別具体のリスク問題を解くための臨床的な提案が不得手であるという課題をもつとも指摘している。

一方で後者はその正反対の立場にあり、生身のドロドロとした環境の中に浸かりすぎているが故に、現場で学んだ具体的な経験や知識を、組織的に集積・分析することが不得手である。当然のことながら長年の経験や積み重ねにより、ある種の「知」の体系化がなされることはあるが、理論に基づかない自己流のやり方では、未経験の状況に対応しきれないケースがあるという課題が指摘されている。

木下は、研究者が基本となる理論や思想を説明し、実践者が具体的な環境を説明する中で、新しい「知」を生産するプロセス、両者のコラボレーションが何よりも重要であるという。これは別の言い方をすれば、社会の中にある課題、特に安全やリスクをめぐる諸問題を解決するためには、「現場を知る研究者」と「学問を知る現場人間」の両方の要素が不可欠であるという指摘でもある。しかし実際には、その両者の関係は必ずしも良好ではない。研究者の側からは、「理論に基づかない、近視眼的な視点でコミュニケーションを行っても意味がない」という声があがる。また現場の実践者の側からは、「研究者は批判や評論ばかりで具体的な解決方策を提示しない」という声があがる。その両者が協働で、安全な社会をつくるために必要なコミュニケーションとは何かについて、吟味する機会がまだまだ不足しているのである。

「語りにくい」心情や思考を言語化するために

筆者が、空色の会の中や少人数の場にかかわる時のスタンスは、この両方、研究者としてのスタンスに軸足を置きつつも、対話の場において実践者であろうとするものである。

自分の心情や思考とピタリと重なる言葉を、初めから持ち合わせることは難しい。まして本書で紹介してきたような「語りにくい」心情や思考を言語化することは、容易ではない。思い出したくもない経験を思い出し、混乱する思考の中でふさわしい言葉を見つけ、それを言葉として発し、そこから自らの経験の意味づけを行うことは、ある種の苦痛を伴う行為でもある。しかし負傷者やその家族にとっての空色の会がそうであったように、うまく表現できない言葉をポツリポツリと口し、それをただ聴いてくれる相手がいる中で自らの痛みや苦しみを言語化していく場は、被害者が自らの痛みや苦しみを対象化し、言語化する営みをサポートする可能性を秘めている。

森岡（二〇〇二）が、「さまざまに言い損ねながらふさわしいことばを探そうとしている」と表現するように、負傷者やその家族は、言葉を発し、相手からの応答を受け、それに応じて言い換えながら、自らの想いを表現する言葉を探し出そうとしていた。対話の場における筆者の役割は、この言葉になりにくい心情や思考を言葉にするための、「お手伝い」ということなのではないだろうか。

また森岡（二〇〇七）は、会話を通じて生まれてくる文脈にふさわしい言い表し方を一緒に探して行くというスタンスで臨床の場にのぞみ、「聴き手との協働、あるいは、聴き手が感じとったことを積極的に書き表し、当事者の発言がそれによって補われること」で当事者に近接することができると言う。筆者の対話の場へのかかわり方もこのスタンスに近い。被害者同士の、被害者とそれ以外の人々との、被害者と加害企業社員の対話の傍らにいる筆者が、当事者が探りあてようとする言葉を、抑制的に、そして時には大胆に形として表現すること、そういう仕方で筆者はこの場にかかわり続けているのである。

丁寧さと、瞬発力と

空色の会の例会であっても、少人数の場であっても、常に数人から多い時には二〇人弱の方が参加している。話し合うテーマは事前に設定されているが、それぞれの話題が独立で成立することはほとんどなく、話があちらこちらに飛んでしまうこともしばしばだ。

参加者は、一人一人の言葉を大事にする。負傷者やその家族という共通項はあっても、それぞれが置かれた状況、事故からここまで歩んできた時間は異なる。その違いを大切にするがゆえに、参加者は、一人一人の言葉に丁寧に耳を傾けようとする。それは、それぞれがおかれた文脈を無視して、外部から被害者というひとくくりで表現されてきたことに、負傷者やその家族が抵抗を感じていることの現れでもある。

しかし一方で参加者は、話したいこと、聴いてほしいことがあるからこそ、そこに足を運んでいる。そのため、他の参加者の話を大事にしつつも、やはり自分が主張したいこと、聴きたいことについては、声が大きくなる。声に勢いがでる。場合によってはある参加者が、別の参加者の話に割って入ることもある。そういう話の流れの中で、主張が明瞭ではない言葉は、その場から流れていってしまいがちだ。そして言葉を流されてしまった参加者は、口をつぐみがちになる。

また、被害者と加害企業の社員の対話は、どうしても硬直しやすい。それは一言で言えば加害企業に属する人々が、「率直に」語るということに慣れていないことに起因する。加害企業の社員は、筆者からみれば回答しても問題ないと思えるような些細な質問・意見についても、「これを話して大丈夫か」と、一回は吟味する癖のようなものが身についてしまっている。そしてそのような振る舞いがきっかけとなって、対話の場が硬直的になってしまうことがある。

そのような中で筆者が微かな違和感を感じた瞬間、もしくは何か言葉を補ったほうがよいと感じた瞬間に、「私は何に違和感を感じているのだろう」「どう表現するのが一番よいのだろう」と心の中で丁寧な吟味を始めてしまえば、声になりにくい「声」が流されてしまったり、場がどんどん硬直的になってしまうことにつながりかねない。どれ一つ疎かにすることができない、さまざまな言葉が行き交う場で、そこにいる筆者が感じたことを言葉にするためには、「瞬発力」も不可欠なのだ。

森岡（二〇〇二）は、「圧縮された一語、それをていねいに解き、引き伸ばして人に伝えていく作業。その作業を維持するためには聴取の持続力、いわば内的な筋力が必要である」と言う。筆者が瞬発力と表現したものは、この森岡がいうところの「内的な筋力」と背中合わせの関係にあるのではないか。瞬発力により形づくられる言葉は、どんなに注意深く発せられたとしても、ある意味で「圧縮された」言葉である。この圧縮の仕方を誤ることは、その先の話し合いの道筋に、どのような影響をもたらすのだろうかと考える時、その力の使い方には抑制的にならざるを得ない。

「正しく」瞬発力を使うためには、言葉を発する人のおかれた文脈を、丁寧に、ありのまま抱えようとし続けるしかない。事故当時の報道記録や手記を読み返す。さまざまな負傷者やその家族の声を聴く。事故現場に足を運ぶ。フィールドノーツやインタビュー記録を読み返す。そのような事故の「被害」を反芻するという筆者の行為は、研究のための作業というよりは、内的な筋力をつくるための鍛錬であると同時に、瞬発力を「誤った」方向へ使わないための自衛策であるように思う。

筆者は自らに、瞬発力を「正しく」使えているかどうかを問いかける。瞬発力を「正しく」使うということはどういうことだろうかとも、自らに問いかける。その問いかけのために、研究というアプローチは不可欠である。筆者にとって研究とは、実践の場での自らの振る舞いを律するための手段でもあるのだ。

対話の中に自らも巻き込まれる

そしてそのような役割を担う筆者には、福知山線事故についての幅広く、深い理解も求められる。対話の場で筆者が担うのは「ファシリテーター」と呼ばれる役割である。この役割にはいくつかの基本的な姿勢や求められるスキルがあり、それを備えておくことが重要であることはいうまでもない。木下（二〇〇九）は、リスクコミュニケーションの現場において「中途半端な知識しか持たない司会者」の振る舞いは、効果がないというより危険ですらあることを指摘した上で、ファシリテーターは対象となるテーマについての十分な知識を持つことの必要性を強調している。

福知山線事故に関連する対話において筆者に求められる十分な知識とは、第一には負傷者やその家族が、どのような痛みや苦しみを抱えているのかについての理解である。彼ら彼女らの声を聴き、その痛みや苦しみの構造を理解し、その上で一人一人違う声を聴き取る。これにより、負傷者やその家族がもつ多様な視点を獲得し、より多面的に事故がもたらす被害について理解する。それに加えて、そのような状況をもたらす構造、法制度や保険制度、また企業や行政機関が抱える組織的課題や、メディアの傾向、それらの全てに造詣をもつことが、事故をめぐる対話の場にかかわるファシリテーターには必要なのだ。

そしてその時ファシリテーターである筆者は、負傷者やその家族が語ることの構造そのものについても、留意する必要がある。筆者が、負傷者やその家族という当事者の語りを聴けばその分だけ、筆者と彼ら彼女らの「線引き」は曖昧になる。そしてそこで語られた言葉は、両者の共同行為の結果という性質を帯びてくる。まして筆者の場合には、「語り手」「聴き手」という関係ではなく、ファシリテーターとしてその場での語りを促進すること、また当事者同士の会話の接点（場合によっては、接点がないことを）見出そうとする役割を担っている。そのため、「語り手」「聴き手」という関係性から紡ぎ出される言葉以上に、そこで形づくられる言葉は、共同行為の結果として成立している。

その共同行為において、筆者が専門家としての知識に固執しすぎること、言い換えるならば既存の知識で思考をいっぱいにして対話の場に臨むことは、そこにある「語り」を変質させることにもつながりかねない。その意味において、ファシリテーターである筆者に求められることは、対象となるテーマに対する幅広く深い知識であると同時に、知識を一旦脇に置き、思考を空にして臨む姿勢でもあるのだ。

両方から揺さぶられる

思考を空にして対話の場に臨むことは、重要であると同時に途方もなく難しい。その姿勢をどのように獲得していこうとするのか。

結果的に筆者は、相容れない立場の声に深く接することで、自らの思考や見解を一つに定めない、あえて「わからない」という状態におくことで解消しようとしてきた。そのことに気づかされたのは、福知山線事故とは全く異なる文脈、福島第一原子力発電所事故後に出会った原子力部門以外に所属する東京電力社員とのかかわりを通じてであった。

福島第一原子力発電所事故の直後、筆者は東京電力の社員から、被害者とのコミュニケーションについてレクチャーすることを求められた。その中で筆者が行ったことは、いわゆるコミュニケーションの作法を教えることではなく、被害者の声を、加害企業の社員の耳に届くような言葉におきかえることだった。

被害者にとっては心の底から納得のいく補償や示談というものはあり得ないということ。被害者は金銭的補償ではなく、事故の前にあった「日常」をそのまま戻してほしいと望んでいること。被害は事故直後もさることながら、むしろ時間がたつほど深刻化する場合もあること。語られにくい被害もたくさんあること。さまざまな社会的圧力により、被害者は分断されがちなこと、そして口をつぐみがちになること。そのような事故が引き起こす「被害」を、筆者は、福知山線事故に関する経験を元に語り続けてきた。

福島第一原子力発電所の事故の「被害」が拡大する中、別の事例をもって東京電力の社員に「被害者になるということ」がどのようなことなのかを語ることが、迂遠であることは筆者も承知していた。しかし事故からまもない時期において、四方八方から非難され、心情的に追い込まれた状況にあった東京電力の社員は、自らの組織に対する批判的な意見を正面から受けとめにくい状況にあった。正確には、批判される一つ一つの課題は認識されていても、そのどれもが断片的情報としてしか認識されていなかった。

そのような状況の中で、鉄道事故という自らが被害者になりうることが想像しやすい事故について語ることにより、「被害者になるということ」がどのような痛みや苦しみをもたらすのかについて、東京電力の社員らに感じてほしいと筆者は願っていた。立場を反転させて、加害企業の社員が被害者の状況をわが事として感じ、被害者の側から事故を見つめ直すためには、むしろ自らが加害者側の立場にない事故の方が、理解されやすい側面もあったのである。

そしてこのような問題に真摯に向き合おうとする東京電力の社員とJR西日本の社員が、非公式に対話する場もつくった。そこで語られた言葉は、あえて記録としては留めることはしなかった。ただ痛ましさの種類は異なるにせよ、多くの人生を変えてしまう大事故を起こした組織に属する人々が発した強い自省の言葉は、筆者に福知山線事故をめぐる対話の新しい意味づけをもたらした。そして、第四章で紹介した少人数の場にかかわるようになったことが、より一層そのスタンスを明確にすることにつながっていった。

自らも変化する

空色の会を通じて、負傷者やその家族の声を聴く。必要な支援を形にする手伝いをする。それと同時に、加害企業に所属する一般社員が抱える苦悩を聴く（注1）。そこには、相容れない主張や状況がある。自らがその立場にたった場合を想像しても、相反する意見であるにもかかわらず、「どちらの言っていることもわかる」と感じてしまう瞬間がないわけではない。そのような形で、両方の声を聴きつつ、両方から揺さぶられながら、真に被害者の救済のために必要なことは何かを考え続け、加害企業の側は被害者のために、安全のために何をなすべきかを考え続けることで、筆者は自分の立ち位置を「反省的」に受け止めようとしてきた。

負傷者やその家族は、自らの人生を根底ら変えてしまうような事故と、そこからの出来事や心情を、なんとかしてふさわしい言葉で語ろうと、伝えようとする。そして決して大きな声で語られることはないが、自らが所属する企業が起こした事故に真摯に向き合おうとする加害企業の一般社員にも、それに通じる営みは存在する（注2）。

研究活動においては、そのような状況にある当事者と一定の距離を取り、またそこにある状況を対象化する姿勢が欠かせない。そのためには、ここまでに記述してきた対話の場においても一歩引いた視点で、そこで交わされる言葉を、そこにいる人々を「観察」の対象とすることが求められる。しかし、そしてそこに立ち会う筆者もまた、対話という共同行為を通じて、その場の当事者となり、自らの思考や感情が揺さぶられ、変容する対象でもあるのだ。そして自らも「場」に巻き込まれ、変容し、当事者の一人となることではじめて見えてくることがある。

2　「二・五人称の視点」をもつ専門家として

アクションリサーチという視点

ここまでに記してきた筆者の振る舞いは、近接しすぎる「研究者」と「対象者」の関係である。そしてそのような研究者の振る舞いは、研究の客観性を低めるという懸念や批判に常にさらされてきた。一方で、研究者と対象者を相対する位置づけに置かない、積極的にそのスタイルをとるタイプの研究も二〇〇〇年代以降、活発となりつつある（注3）。

その一つが、矢守（二〇一〇）が「アクションリサーチ」と定義する、望ましいと考える社会的状態の実現を目指して研究者と研究対象者とが展開する共同的な社会実践の考え方である。この定義によれば、アクションリサーチのキーワードは「変化」であり「介入」である。望ましい社会の実現に向けて変化を促すべく、研究者は現場に介入していく、これがアクションリサーチの基本である。言い換えるならば、さまざまな人々との協働作業により、コンフリクトがある状況とは別の「社会」をつくりあげることに寄与しようとする試みである。

一方で矢守は、レヴィン（一九五四）の「集団相互関係の研究内容と少なくとも同程度の重要性を持つものは、それを社会生活の内部の適正な場所に配置するということである。いつ、どこで、だれによって、社会研究が遂行されるべきであるか」という言葉を引用しつつ、アクションリサーチでは「当事者が生身をさらして生活をかけている実践の現場に、（中略）それまでそこになかった研究（リサーチ）という活動をそれまでそこにいなかった研究者が持ち込むという介入をなすべきか否か、という極めて重大な判断」が厳しく問われるとも指摘している。

筆者自身は、この指摘に対する直接的な解を未だ持ち得ない。その場にある〈私〉は、研究者なのだろうか。具体の方法論を持ち込まなければ、その場にある〈私〉は研究者ではないといえるのだろうか。研究という営みの中にあり、その思考様式に縛られているはずの〈私〉が、研究者である自分を消し去ってそこにあるということは、可能なのだろうか。

筆者にとってのアクションリサーチは、「それまでそこになかった研究（リサーチ）という活動をそれまでそこにいなかった研究者が持ち込むという介入をなすべきか否か」という判断以前に、まずは安全にかかわるさまざまな問題やそこにいる人々と接し、その問題に対して自らの持ちうるスキルが活かせる場面はないか、と考えることから始まる。そこにある視点は常に「いま、ここにある問題に対して、いま、ここにいる人々に対して、私は何ができるか」である。渥美（二〇〇九）が、「専門を一瞬見失っていた現場の私と、専門家である私という二重の私を生きる」と表現するように、〈私〉が、研究者（専門家）であることと、実践者であることは不可分でもあるのだ。

そこにある〈私〉は、何者なのか

こう考えたとき、空色の会や少人数の場にある〈私〉は何者なのだろうか。

まず一つめの〈私〉は、実践者としての私。空色の会のメンバーとして例会に参加し、議論の進行をお手伝いする。参加者の求めに応じて、メモリアルウオークや健康相談会の試行などの活動を支援する。時には、企業の安全対策のあり方や、保険医療制度、規制官庁の組織構造などについて、専門的情報の補足説明をする。ここまでに述べてきたように、負傷者やその家族がそれぞれの想いを言葉にするお手伝いをする役割を担うこともある。そこにいる〈私〉は、広い意味で実践者としてのファシリテーションスキルを提供している。

そしてもう一人の〈私〉は研究者としての私。空色の会を通じての営みを記録する。空色の会のメンバーにインタビューし、記述する。それらを踏まえて、事例を一つの事例としてとらえるのではなく、インターローカルな「知」を生成する。研究者が実践の場に身を投じることの正統性を吟味する。その〈私〉の振る舞いは、まさに研究者としてのそれである。

この二つの〈私〉に共通する専門性は、「つなぐ」ということである。筆者の専門の一つは「私達の生活のすみずみにまで浸透してしまった科学技術と社会との接点でおこるさまざまな問題を、個別の学問領域から取り扱うのではなく、それ自体を総体として体系的に取り扱おうとする（藤垣：二〇〇五）」科学技術社会論という分野である。この分野に関連する学問領域は、歴史学、哲学、社会学、心理学、政治学、経済学などさまざまであるが、あくまでもその対象は、科学技術と社会の「界面」で発生している社会的問題を、正面から取り扱う（分析し、実践する）ことである。そのために、異分野・異領域の間のコミュニケーションを媒介し、俯瞰的な視点のもとに新しい科学技術と社会の関係を提案していくことが、その一つの役割である。

この専門に照らし合わせた時、福知山線事故をめぐる対話の場には二つの〈私〉がいると同時に、この二つの〈私〉は分かちがたいという当たり前のことに気づかされる。実践者としての筆者は、さまざまな形で、言葉を形にすることにかかわる。そこで使われるファシリテーションスキルは、実践者としてのスキルであり、研究者としてのそれではない。一方で、言葉を形づくるプロセスで使われている筆者の知識は、技術の安全性向上に関する知見であり、被害者への補償をめぐる科学的根拠に関する議論であり、被害者支援に関する社会科学的な知識である。その意味で、そこで言葉を発する筆者は、研究者としてその場にかかわっているのだ。

もう一つの〈私〉

小林（二〇〇四）は、実践の場にある自らを、経験的知識を生産するという意味での専門家ではなく、ある知的交換の役割を担う人間という意味で「媒介の専門家」と表現している。実践と研究、その両方を行き来しつつ、いま、ここにある問題をどのように取り扱うかについて、さまざまな知識を活用しながら、そこにある人たちとともに考え、行動する、そのような研究者のあり様である。

いずれにしても実践と研究、その両方を行き来することで、筆者は対話の場にかかわり続けてきた。そして、これからもかかわり続けていこうとするのだろう。そこで、悩み苦しむ人たちの声を聴いてしまう。そこで、何か自分にできることがあるのではないかと模索する。そのような形で、自らも事故とともにある時間をすごす時、否応なしに起ちあがってくるもう一つの〈私〉がいる。一人の生活者としての私である。

美谷島さんの自宅で小さな仏壇の前で手をあわせた時、自らの子どもたちの笑顔が、遺影の写真と重なる。事故で伴侶を失った方の日々の生活について話を聞いて、一人で暮らす実父の毎日に想いを馳せる。そして、空色の会や少人数の場にかかわり続ける日々は、事故にあったのが「私だったら」「私の家族だったら」というかたちで、事故の記憶をなぞる新しい〈私〉をつくる。

そうした形で安全な社会のあり方を考え続ける筆者の思考と行動様式は、第三章で記述した「二・五人称の視点」を、別の仕方で専門家がもとうとする姿勢にも通じる。客観的に示しうる知識や理論を持ちながら、その範囲だけで判断するのではなく、「私が負傷者だったら」「私がその家族だったら」という形で、一人称と二人称の立場についても思考を伸ばす。それのみならず、相反する立場にありながら、被害者と真摯に向き合おうとする加害企業の社員についても、「私が加害企業の社員だったら」「私がその家族だったら」という形で、一人称と二人称の視点にまで思考を伸ばす。そうして、第三者としての研究者としての客観的視点を保ちつつ、一方で当事者と近しい位置で問題の解決をはかろうとする。

筆者が、福知山線事故をめぐる対話の場でなそうとしてきた行為は、その意味で負傷者やその家族とは別の形で、「二・五人称の視点」獲得しようとしてきたということなのだろうと考えている。

注

注1：東京電力福島第一原子力発電所事故、福知山線事故ともに、旧経営陣の刑事責任をめぐり、検察審査会での審議を経て強制起訴が行われた（福知山線事故については、二〇一七年六月二〇日に無罪が確定）。これは、大切な人や家、仕事をなくした多くの人が、事故から時間がたっても苦しみ続けている中で、誰一人として法的には責任を問われないことに対する被害者の納得できない気もちを思えば、当然のことであると筆者は考える。

本書における加害企業の社員に関する記述は、経営陣に代表される責任ある立場の人間ではなく、あくまでも、一社員として真摯に被害者に向き合おうとする社員に限定した記述である。

注2：繰り返しになるが、筆者が直接的にかかわりをもつ被害者は、負傷者とその家族である。特に本書で記述する加害企業社員の振る舞いや心情に関する記述は、負傷者とその家族と、加害企業社員の対話を通じて見えてきたものであることを改めて付記する。

注3：医療・教育・介護・出産・育児・社会的マイノリティ等、さまざまな臨床場面において、「当事者」自らが自らの抱える問題を研究する「当事者研究」の分野の問題意識や方法論もまた、筆者の関心や方法論と通底する。当事者研究については本書では直接的に言及しないが、本書の記述は石原編（二〇一三）、宮内編（二〇〇七）における議論を参考としている。

おわりに

一月一七日、三月一一日、そして四月二五日。社会の安全について考える時、筆者の中に強く刻まれている日付である。

一九九五年一月一七日、阪神・淡路大震災。前作（『対話の場をデザインする　――科学技術と社会のあいだをつなぐということ――』）でも述べたように、もともとヒューマンファクター研究を専門としていた筆者が、その関心領域を科学技術と社会との接点に見出した契機は、この大震災にある。「被災者」「神戸市」という大きな主語で、その被害や課題が語られることに違和感を持ったことが、自らの関心領域の展開につながった。

多くの人の胸に刻まれる日付である二〇一一年三月一一日。筆者にとっては、東京電力福島第一原子力発電所事故という意味で刻まれる日付でもあるが、同時に宮城県女川町を津波が襲った日付としても刻まれている。前作で紹介した原子力に関する対話フォーラムの試みは、二〇〇二年九月五日に宮城県女川町で始まった。その対話フォーラムをともに立ち上げた佐藤充氏は、あの日女川の街を襲った津波により命を落とした。長らく事故や災害というものにかかわってきていたものの、自分がよく慣れ親しんだ街が被災地になり、そして自分にとって大切な人が命を落とすいう経験は、筆者にとって初めてのものだった。そのことが、事故や災害に向かいあう姿勢を、改めて筆者に問い返した。

そして四月二五日。

「あの日」という言葉で語られる、人々が安全な社会を希求するたくさんの日付があると思う。事故や災害が発生した日付の場合もあれば、戦争にまつわる日付である場合もあるだろう。自らにとって大切な人を失った日付である場合もあるかもしれない。いずれにしても、安全な社会をつくるための第一歩は、私たちがさまざまな「被害」を正面から受け止め、それを語りあい、そしてそれを我がこととして受け止めることからしか、始まらないと思う。本書が、そのような社会をつくるための歩みの一助となれば幸いである。

第一章、第二章では、負傷者だからこその課題を「生き続けているからこそ」の痛みや不安として詳述した。生きているから、大切な人が生きていてくれたからこその語りは、語る本人たちにとっても、そしてそれを言葉に綴る筆者にとっても、容易なことではなかった。そこに常にあったのは、このような言葉を遺族の方々はどう受け止めるのだろうか。遺族の方々からみれば、これは「贅沢な」悩みなのだろうかという逡巡でもあった。

本書で何度も繰り返したように、負傷者には負傷者の痛みや不安がある。その被害の大小は比較できない。それでも、事故の後の時間を生きて、その事故にあったことも含めて自らの人生に意味を見出していくことができるのは、生きているからでもある。そう考える時、失われた命は戻らないという事実は、改めて重いものとして受け止められた。

そして、第四章、第五章を記述する中でもう一つ気づいたことがある。それは、私たち社会の一人一人は、潜在的な被害者であると同時に「潜在的な加害者でもある」ということだ。航空や鉄道、バス事業など公共交通を担う企業の社員は、加害企業の一員となる可能性を認識しやすい。しかしシンドラー社エレベーター死亡事故（二〇〇六）や、中日本高速道路株式会社笹子トンネル天井板落下事故（二〇一二）などの事例に鑑みれば、日常業務の中では直接的に人の命を預かっていると想像しにくい企業活動の中にも、とりかえしのつかない事故のリスクが潜んでいる。その意味では多くの人が、加害組織の社員や職員、またその家族になる可能性を秘めてもいるのだ。

また企業活動だけではない。交通事故一つをとっても、私たちは潜在的な被害者であると同時に加害者の立場にもなりうる。その両方の可能性に思考を伸ばせば、何が安全のための取り組みとしての「正解」なのかを導き出すことは、困難であるとも感じる。それでも生き続けている私たちが、その葛藤も含めて自問自答し、そして語りあうことからしか、安全な社会に向けた動きは始まらないのだろうとも思う。

本書の執筆にあたっては、旧稿の一部を利用し、記述を追加、修正している。利用した旧稿は次のものである。

- 第三章：八木絵香（二〇一三）、「第三者による検証」という言葉をとらえ直す――事故や災害の検証を行うべきは誰なのか、α-Synodos, vol. 124.（http://synodos.jp/society/5900　二〇一九年二月二〇日現在）
- 第四章：八木絵香（二〇一五）、事故や災害の「負の遺産」をどのように保存すべきなのか――JR福知山線事故から一〇年、Synodos（http://synodos.jp/society/13869　二〇一九年二月二〇日現在）
- 第五章：八木絵香（二〇一三）、実践者と研究者のあいだにある〈私〉、質的心理学フォーラム、四、三六－四六。

また本書のもとになったインタビュー調査は、公益財団法人JR西日本あんしん社会財団による研究助成（二〇一〇年度・二〇一一年度）を受けて行った。加えて執筆に際しては、科学研究費補助金基盤研究（C）（JP18K02935）による研究会での議論を参考とした。

本書を執筆するにあたっては、たくさんの方にお世話になりました。

ＪＲ福知山線事故・負傷者と家族等の会（空色の会）のみなさん、またそこにつどう専門家の皆さんには、本書で紹介したさまざまな場の企画に際しても、また本書の執筆に際しても多大なるご支援をいただきました。ここで一人一人のお名前を記すことはいたしませんが、改めて深く御礼申し上げます。皆さんとの出会いがなければ、本書を執筆することも、またそれ以前に私自身も、深い学びを得ることはできませんでした。

帯の推薦文をいただいた美谷島邦子さん、そして加山圭子さんにもたいへんお世話になりました。福知山線事故の遺族と直接の接点を持たない筆者が、筆力不足ながらも、遺族になることと負傷者やその家族になることの違いと接点を見出すことができたのは、お二人の温かいお人柄と、そして真摯に安全に向き合うその姿からでした。

装丁は前作に続き、久保田テツさんにお願いしました。「表紙は青空のイメージで」とお願いした筆者のリクエストに応えて、素敵な表紙に仕上がりました。また、筆の遅い私をあたたかく見守ってくださった大阪大学出版会の川上展代さんにも感謝申し上げます。

前作のあとがきでは、筆者の恩師の一人である故・黒田勳氏の言葉を引用しました。本書は、それとは別の黒田氏の言葉を反芻しつつ執筆しました。生前黒田氏は、折に触れて学生であった筆者たちに「安全にかかわる学識経験者（専門家）とは、『有』学識『無』経験者なんだよね。その事故を経験していない。だから常に事故調査や再発防止の立案に、経験をどう役立てることができるかを考えなければならない。」と語りかけてくださいました。有識者と呼ばれる立場となった筆者には、その言葉の意味が改めて重いものとして感じられます。

付録：本書の内容に関連するJR西日本、空色の会を中心とした出来事

年	月	日	出　来　事
1985	8	12	日航機墜落事故
1991	5	14	信楽高原鐵道事故
1993	8	8	鉄道安全推進会議（TASK）設立
2000	3	8	営団地下鉄日比谷線脱線衝突事故
2001	7	21	明石花火大会歩道橋事故
	10	1	航空事故調査委員会が、航空・鉄道事故調査委員会へ改組
2005	3	15	東武伊勢崎線竹ノ塚駅踏切事故
	4	25	JR福知山線事故
	6	12	NPO法人市民事務局かわにし主催「第1回語り合い、わかちあいのつどい」 2006年3月までは1ヶ月半に1回 2006年6月からは1ヶ月に1回 原則、第一土曜日の午後に開催
2006	4		最後の乗車位置を確認するための情報交換会（合計4回）
2008	2	2	負傷者と家族等の会（空色の会）発足
	6	26	空色の会　第1回定例会開催 2016年5月までは、1ヶ月に1回開催（原則、毎月第一土曜日の午後） 2016年6月からは、年8回開催（原則、4月／5月／7月／9月／11月／1月／2月／3月の第一土曜日の午後）
	10	1	運輸安全委員会発足
2009	4		空色の栞の制作・配布（1）
	9		航空・鉄道事故調査委員会（当時）委員による情報漏洩問題の発覚
	10	9	情報漏洩問題について、空色の会のメンバーが、前原誠司国土交通大臣、辻元清美副大臣、運輸安全委員会委員長と面談
	10	10	空色の会メンバーが、NPO法人リカバリーサポートセンターの検診活動を見学
	12	17	空色の会有志が、情報漏えい問題「検証メンバー」会合に参加 2011年4月15日最終会合

年	月	日	出　来　事
2010	1	11	八木（筆者）が空色の会の定例会で講演
	4		空色の栞の制作・配布（2）
	4	24	空色の会主催の第1回メモリアルウオーク実施
	4	11	空色の会主催の意見交換会（NPO法人リカバリーサポートセンターの検診活動について：NPO法人リカバリーサポートセンター下村健一氏、山城洋子氏をお招きして）
	10	8－9	空色の会有志によるJR東日本総合研修センター、日本航空安全啓発センター、ANAグループ安全教育センターの見学および、美谷島邦子氏との意見交換
	12	19	空色の会主催の勉強会（統合医療について：大阪大学伊藤壽記氏をお招きして）
2011	1	29	空色の会主催のシンポジウム（被害者視点で考える、安全で安心できる社会）
	4		空色の栞の制作・配布（3）
	4	24	空色の会主催の第2回メモリアルウオーク実施
	11	19	空色の会有志によるNPO法人リカバリーサポートセンターの検診活動の見学
	11	19-20	JR西日本が説明会において、事故現場のあり方について検討を進めたい旨を説明
2012	1		JR西日本による事故現場に関するアンケート（第1回お伺い）の実施
	2	4	空色の会主催の勉強会（検診活動について：NPO法人リカバリーサポートセンター山城洋子氏をお招きして）
	4		空色の栞の制作・配布（4）
	4	21	空色の会主催の第3回メモリアルウオーク実施
	6		JR西日本による事故現場に関するアンケート（第2回お伺い）の実施
	11	3	空色の会主催の勉強会（補完代替医療について：大阪大学林紀行氏をお招きして）
	11	7	空色の会有志による森林療法の体験
	11	10-11	JR西日本が説明会において、基本的な考え方、整備イメージを説明

年	月	日	出　来　事
2013	1	26	空色の会主催の健康相談会（試行）実施
	2		JR 西日本による事故現場に関するアンケート（第3回お伺い）の実施
	3	4	空色の会と国土交通省公共交通事故被害者支援室との意見交換（1）
	4		空色の栞の制作・配布（5）
	4	21	空色の会主催の第4回メモリアルウオーク実施
	8	3	空色の会主催の勉強会（セルフケア体験プログラム：明治国際医療大学伊藤和憲氏をお招きして）
	9		JR 西日本による「少人数の場」の実施
	11	16-17	JR 西日本が説明会において、基本的な考え方を説明、4つのイメージ図を提示
	11	29	空色の会主催の勉強会（セルフケア体験プログラム：明治国際医療大学伊藤和憲氏をお招きして）
	12		JR 西日本による事故現場に関するアンケート（第4回お伺い）の実施
2014	1	25	空色の会主催の健康相談会実施
	2		JR 西日本による「少人数の場」の実施
	3	7	空色の会と国土交通省公共交通事故被害者支援室との意見交換（2）
	4		空色の栞の制作・配布（6）
	4	20	空色の会主催の第5回メモリアルウオーク実施
	9	6	空色の会主催の勉強会（痛みの理解と、ストレス対処のセルフケア：明治国際医療大学伊藤和憲氏をお招きして）
	9		JR 西日本による「少人数の場」の実施
	11	29-30	JR 西日本が説明会において、事故現場の整備に関する最終案を説明
2015	3	20	空色の会と国土交通省公共交通事故被害者支援室との意見交換（3）
	3		JR 西日本が事故現場の整備計画の決定
	4		空色の栞の制作・配布（7）

年	月	日	出　来　事
2015	4	12	空色の会主催の第6回メモリアルウオーク実施
	9		JR西日本による「少人数の場」の実施
2016	1		JR西日本による事故現場の整備工事開始
	3	18	空色の会と国土交通省公共交通事故被害者支援室との意見交換（4）
	4		空色の栞の制作・配布（8）
	4	24	空色の会主催の第7回メモリアルウオーク実施
	9		JR西日本による「少人数の場」の実施
2017	1	7	空色の会と国土交通省公共交通事故被害者支援室との意見交換（5）
	4		空色の栞の制作・配布（9）
	4	22	空色の会主催の第8回メモリアルウオーク実施
	10-11		JR西日本による「少人数の場」の実施
2018	3	9	空色の会と国土交通省公共交通事故被害者支援室との意見交換（6）
	4		空色の栞の制作・配布（10）
	4	15	空色の会主催の第9回メモリアルウオーク実施
	9		事故現場の整備工事の完了 祈りの杜（福知山線列車事故現場）として、一般公開
2019	2	2	空色の会と国土交通省公共交通事故被害者支援室との意見交換（7）

- ジョージ・A・ボナーノ（著），高橋祥友（監訳）（2013）リジリエンス　喪失と悲嘆についての新たな視点，金剛出版
- 松本創（2018）軌道――福知山線脱線事故　JR西日本を変えた闘い，東洋経済新聞社
- 三浦利章，原田悦子（編著）（2007）事故と安全の心理学――リスクとヒューマンエラー，東京大学出版会
- 宮内洋，今尾真弓（2007）あなたは当事者ではない〈当事者〉をめぐる質的心理学研究，北大路書房
- 美谷島邦子（2010），御巣鷹山と生きる　日航機墜落事故遺族の25年，新潮社
- 宮本匠（2015）災害復興における『めざす』かかわりと『すごす』かかわり～東日本大震災の復興曲線インタビューから，質的心理学研究，14，6-18.
- 森岡正芳（2002）物語としての面接――ミメーシスと自己の変容，新曜社
- 森岡正芳（2007）第15章　当事者視点に立つということ，あなたは当事者ではない〈当事者〉をめぐる質的心理学研究，北大路書房
- 八木絵香（2013），「第三者による検証」という言葉をとらえ直す――事故や災害の検証を行うべきは「誰なのか，α-Synodos，vol. 124.（http://synodos.jp/society/5900　2019年2月20日現在）
- 八木絵香（2015），事故や災害の「負の遺産」をどのように保存すべきなのか――JR福知山線事故から10年，Synodos（http://synodos.jp/society/13869　2019年2月20日現在）
- 八木絵香（2013），実践者と研究者のあいだにある〈私〉，質的心理学フォーラム，4，36-46.
- 山口栄一（編著）（2007），JR福知山線事故の本質　企業の社会的責任から科学を捉える，NTT出版
- 矢守克也（2010）アクションリサーチ――実践する人間科学――，新曜社
- J・リーズン（著），塩見弘（監訳）（1999）組織事故　起こるべくして起こる事故からの脱出，日科技連出版社
- K・レヴィン，末永俊郎（訳）（1954），社会葛藤の解決：グループダイナミックス論文集，東京創元社
- 鷲田清一（2001）弱さのちから　ホスピタブルな光景，講談社

- JR 福知山線脱線事故被害者有志（2007）JR 福知山線脱線事故　2005 年 4 月 25 日の記憶，神戸新聞総合出版センター
- 信楽列車事故遺族会・弁護士団（編）（2005）信楽列車事故　JR 西日本と闘った 4400 日，現代人文社
- V・ジャンケレヴィッチ（著），仲澤紀雄（訳）（1978）死，みすず書房
- ドナルド・A・ショーン（著），柳沢昌一，三輪健二（監訳）（2007）省察的実践とは何か　プロフェッショナルの行為と思考，鳳書房
- 高木慶子，上智大学グリーフケア研究所，柳田邦男（2013）〈悲嘆〉と向き合い，ケアする社会をめざして　JR 西井本福知山線事故遺族の手記とグリーフケア，平凡社
- 宅香菜子，清水研（2014）心的外傷後成長ハンドブック　耐えがたい体験が人のこころにもたらすもの，医学書院
- 竹之内裕文，浅原聡子（編）（2016）喪失とともに生きる　──対話する死生学──，ポラノ出版
- S・デッカー（著），芳賀繁（監訳）（2009）ヒューマンエラーは裁けるか──安全で公正な文化を築くには──，東京大学出版会
- 鉄道安全推進会議（1999）運輸事故の再発防止を求めて　事故調査制度に関する国際比較シンポジウム報告書
- 野田正彰（2014）喪の途上にて　大事故遺族の悲哀の研究，岩波書店
- 8.12 連絡会（編）（2005）茜雲　総集編　日航機御巣鷹墜落事故遺族の二十年，本の泉社
- 8.12 連絡会（編）（2015）茜雲　日航機御巣鷹墜落事故遺族の 30 年，本の泉社
- ジョン・H・ハーヴェイ（著），安藤清志（訳）（2002），悲しみに言葉を──喪失とトラウマの心理学，誠信書房
- 久留一郎（編）（2011）トラウマと心理臨床　被害者支援に求められるもの（現代のエスプリ　2011 年 3 月号），ぎょうせい
- 広瀬寛子（2011）悲嘆とグリーフケア，医学書院
- 福知山線列車脱線事故調査報告書に関わる検証メンバー・チーム（2011）JR 西日本福知山線事故調査に関わる不祥事問題の検証と事故調査システムの改革に関する提言 http://www.mlit.go.jp/jtsb/fukuchiyama/fukuchiyama.html（2019 年 2 月 20 日現在）
- 藤垣裕子（編）（2005）科学技術社会論の技法，東京大学出版会

参考・引用文献

- 渥美公秀（2008）災害ボランティア再考，災害ボランティア論入門（シリーズ災害と社会⑤），弘文堂，83-108.
- 渥美公秀（2009）災害ボランティア──「ただ傍らにいる」ことからはじまる，Communication-Design，2，14-20.
- 安部誠治（監修），鉄道安全推進会議（編）（1998）鉄道事故の再発防止を求めて──日米英の事故調査制度の研究──，日本経済評論社
- 網谷りょういち（1997）信楽高原鐵道事故，日本経済評論社
- 石原孝二（編）（2013）当事者研究の研究，医学書院
- J・W・ヴォーデン（著），山本力（監訳）（2011）悲嘆カウンセリングー臨床実践ハンドブック，誠信書房
- 小椋聡，小椋朋子（2018）JR 福知山線脱線事故からのあゆみ　ふたつの鼓動，コトノ出版会
- 木下富雄（2008）リスク・コミュニケーション再考──統合的リスク・コミュニケーションの構築に向けて（1），日本リスク研究学会誌，18，2，3-22.
- 木下富雄（2009）リスク・コミュニケーション再考──統合的リスク・コミュニケーションの構築に向けて（2），日本リスク研究学会誌，19，1，3-17.
- 木下富雄（2009）リスク・コミュニケーション再考──統合的リスク・コミュニケーションの構築に向けて（3），日本リスク研究学会誌，19，1，3-24.
- 木下富雄（2016）リスク・コミュニケーションの思想と技術，ナカニシヤ出版
- 熊谷晋一郎，大沢真幸（2011）痛みの記憶／記憶の痛み　痛みでつながるとはどういうことか，現代思想，39，11，38-55
- 熊谷晋一郎（2013）ひとりで苦しまないための「痛みの哲学」，青土社
- 航空・鉄道事故調査委員会（2007）鉄道事故調査報告書「西日本旅客鉄道株式会社　福知山線塚口駅～尼崎駅間　列車脱線事故」https://jtsb.mlit.go.jp/jtsb/railway/bunkatsu.html（2019 年 2 月 20 日現在）
- 小林傳司（2004）誰が科学技術について考えるのか　コンセンサス会議という実験，名古屋大学出版会
- 酒井肇，酒井智恵，池埜聡，倉石哲也（2004）犯罪被害者支援とは何か　附属池田小事件の遺族と支援者による共同発信，ミネルヴァ書房
- 佐藤健宗（1997）交通権と鉄道の安全──事故調査の視点から，15，2-3.

八木　絵香（やぎ・えこう）

1972年生まれ。東北大学大学院工学研究科博士課程後期修了　博士（工学）。
大阪大学COデザインセンター准教授。
早稲田大学大学院人間科学研究科修了後、民間シンクタンクにおいて、災害心理学研究に従事。多数の事故・災害現場調査を行う。2002年～2005年、東北大学に社会人大学院生として在籍。原子力立地地域を中心に、市民と専門家が対話する場（対話フォーラム）を企画・運営、現在に至る。現在は、社会的にコンフリクトのある科学技術の問題について、立場や利害の異なる人同士が対話・協働する場の企画、運営、評価を主な研究テーマとしている。

続・対話の場をデザインする
— 安全な社会をつくるために必要なこと —

発　行　日　2019年4月25日　初版第1刷発行　〔検印廃止〕

著　　　者　八　木　絵　香

発　行　所　大阪大学出版会
代表者　三成賢次
〒565-0871
大阪府吹田市山田丘2-7　大阪大学ウエストフロント
電話：06-6877-1614（代表）　FAX：06-6877-1617
URL　http://www.osaka-up.or.jp

印刷・製本　株式会社 遊文舎

ISBN 978-4-87259-582-6 C3036